LÆGEURTER I KØKKENET

Oplev kunsten at helbrede med friske urter i 100 opskrifter

Tina Jonsson

Copyright materiale ©2023

Alle rettigheder forbeholdes

Ingen del af denne bog må bruges eller transmitteres i nogen form eller på nogen måde uden korrekt skriftligt samtykke fra udgiveren og copyright-indehaveren, bortset fra korte citater brugt i en anmeldelse. Denne bog bør ikke betragtes som en erstatning for medicinsk, juridisk eller anden professionel rådgivning.

INDHOLDSFORTEGNELSE

INDHOLDSFORTEGNELSE **3**
INTRODUKTION **7**
MORGENMAD **8**
   1. Æg med Polenta og bittergrønt 9
   2. Morgenmad Burrito med krydret pølse og peberfrugt 12
   3. Friske figner med kanelkrydrede mandler og yoghurt 14
   4. Mælkebøttefrittata med gedeost 16
   5. Morgenmad Risengrød med Chai Krydderier 18
   6. Glutenfri græskarkrydderepandekager 20
   7. Avocado Toast med Heirloom Tomat og Basilikum Pesto 22
   8. Huevos Rancheros med sorte bønner og Salsa Verde 24
   9. Mælkebøttemarmelade 26
   10. Easy Fried Rice Breakfast Bowl 28
SUPPER OG SALATER **30**
   11. Afkølet Gazpacho med Lime Crema 31
   12. Panzanella salat med revet basilikum 34
   13. Grundlæggende kyllingebensbouillon 36
   14. Italiensk hvidbønne- og escarolesuppe 38
   15. Shiitake Miso Suppe 40
   16. Karrygræskar-grøntsagssuppe 42
   17. Middelhavsfiskegryderet 44
   18. Radise- og rucolasalat med sennepsvinaigrette 46
   19. Sellerisalat med thailandsk jordnøddedressing 48
   20. Middelhavsfarrosalat med asparges og mynte 50
   21. Græsk Tzatziki Agurkesalat 52
   22. Fransk linsesalat med ristet fennikel og løg 54
HOVEDRATER **56**
   23. Søndagsstegt kylling med Chimichurri-sauce 57
   24. Fattigmands "krabbe"-kager med yoghurtdildsauce 60
   25. Svinekam med hyldebærblommechutney 62
   26. Hyldebærblommechutney 64
   27. Pennsylvania Dutch Corn Pie med mælkebøttegrønt 66
   28. Ovnstegt kylling satay 68
   29. Nonnas italienske frikadeller 70
   30. Sommer Ratatouille Med Kikærter 72

31. Klassisk oksegryderet 75
32. Steg med kylling og 3 kål 78
33. Pasta med prosciutto og ærter 80
34. Chili Cod Tacos med Lime Crema 82
35. Spanske Rice Zucchini-både 85
36. Quick Pad Thai 87
37. Lammeburger med fetaost og tzatziki 90

SNACKS OG SIDER 92
38. Søde og velsmagende nødder med tre urter 93
39. Omega-3 Deep-Sea PâTé 95
40. Krydret syltede rødbedeæg 97
41. Rosemary Feta Spread med Pita Points 100
42. Hummus med hvidløg 102
43. Gyldne ris med ærter og ristede nødder 104
44. Grill Baby Lima bønner 106
45. Kartoffelgnocchi med brunet salviesmør 108
46. Vintergrøntsager med rosmaringlasur 110
47. Ingefær-pigget Baby Bok Choy 112
48. Gratineret sommersquash med én pande med timian 114

KRYDER 116
49. Grundlæggende urte-infunderet eddike 117
50. Urtepantry immuneddike 119
51. Basis urte-infunderet sirup 121
52. Grundlæggende urte-infunderet honning 123
53. Grundstudium 125
54. Grundlæggende sammensat smør 127
55. Grundlæggende urtepesto med basilikum 129
56. Anti-inflammatorisk gylden pasta 131

DRIKKEVARER 133
57. Tulsi Tisane Tea 134
58. Hibiscus-Lime Iced Tea 136
59. Chai-krydret gylden mælk 138
60. Azteca varm chokolade 140
61. Jalapeño Margarita 142
62. Hyldebær Hot Toddy Elixir 144
63. Lavendel Lemonade 146
64. Fersken ingefærbusk 148
65. Aromatisk Chai Tea 150
66. Rose Lassi 152

67. Sage Oxymel 154
68. Stilleværelse Amaro 156
69. Krydret urtelikør 159
70. Frugt urte iste 161
71. Isurtekøler 163
72. Hindbærurtete 165
73. Kardemomme te 167
74. Sassafras Te 169
75. Moringa Te 171
76. Salvie Te 173

SØDE GADER 175

77. Lavendel Pistacie Biscotti 176
78. Krystalliseret ingefær slik 178
79. Pocherede Pærer med Hyldebær og Krydderier 180
80. Lavendel Ganache Trøfler 182
81. Urtete Frosne Popsicles 184
82. Honningfyldte Gorgonzola Figner med Timian 186

URTESAFT OG SMOOTHIES 188

83. Jordbær og macadamia smoothie 189
84. Goji bær og pinjekerner smoothie 191
85. Solbær booster smoothie 193
86. Surkirsebær og rå kakao smoothie 195
87. Mandel og rose smoothie 197
88. Pistacie og avocado smoothie 199
89. Maca og mango smoothie 201
90. Blomme- og fennikelsmoothie 203
91. Power bær smoothie 205
92. Tidlig efterårs vandrers glæde 207
93. Havegrønt juice 209
94. Rød peber og spirede frø juice 211
95. Ingefær og fennikelsaft 213
96. Fennikel og broccoli spirer juice 215
97. Boghvedegrønt og ærteskudsaft 217
98. Tomatsalsajuice 219
99. Artiskokblad og fennikelsaft 221
100. Solsikkegrønt og hvedegræssaft 223

KONKLUSION 225

INTRODUKTION

Velkommen til LÆGEURTER I KØKKENET, en kulinarisk og medicinsk rejse, der inviterer dig til at udforske kunsten at helbrede med kraften fra friske urter. Urter har været værdsat i århundreder for deres terapeutiske egenskaber, og i denne kogebog frigør vi deres potentiale på en lækker og praktisk måde. Gennem en samling af 100 omhyggeligt udformede opskrifter vil du opdage, hvordan du kan udnytte urternes helbredende egenskaber, mens du nyder smagen og fordelene, de giver dine måltider.

Vores rejse gennem hjemmelavet urtemedicin vil introducere dig til urternes bemærkelsesværdige verden, deres historiske betydning og deres relevans i moderne wellness. Uanset om du er en erfaren urtelæge eller en nybegynder i en verden af naturlægemidler, er denne bog din guide til at bruge friske urter som både kulinariske ingredienser og naturlige healere.

Når vi begiver os ud på dette smagfulde og helbredende eventyr, skal du forberede dig på at låse op for hemmelighederne bag hjemmelavet urtemedicin og dyrke en dybere forbindelse med den naturlige verden. Lad os smøge ærmerne op, udforske haven og dykke ned i den aromatiske, pulserende verden af LÆGEURTER I KØKKENET.

MORGENMAD

1.Æg med Polenta og Bitter Greens

Gør: 4

INGREDIENSER:
FOR POLENTA
- ½ tsk salt
- 2 kopper vand
- 1 kop polenta eller majsgryn
- 1 spsk usaltet smør

TIL DE BITRE GRØNNE
- ¼ kop vand
- 1 til 2 spsk eddike
- 5 ounce rucola

TIL DE POCHEREDE ÆG
- 4 æg
- TIL SKÅLENE
- Olivenolie, til servering
- Salt
- Friskkværnet sort peber
- 1 tsk citronskal, til servering
- Revet Pecorino Romano ost og rød peberflager, til pynt

INSTRUKTIONER:
AT LAVE POLENTAEN
a) Tilsæt saltet i vandet i en gryde og bring det i kog.
b) Tilsæt polentaen.
c) Rør grundigt. Dæk til og reducer varmen til lav, og lad det simre i 20 minutter, mens der røres af og til for at forhindre klumper.
d) Sluk for varmen, rør smørret i og hold det varmt indtil servering.

AT LAVE DE BITRE GRØNNE
e) 1.Kom vandet og eddiken i en mellemstor gryde med låg.
f) Tilsæt rucola og varm op ved middel varme. Når vandet begynder at koge, rør en gang, dæk til og lad det dampe i 5 minutter. Afdryp og hold varmt indtil servering.

AT LAVE DE POCHEREDE ÆG

g) I en lille gryde, varme 3 inches af vand til kogning; reducere til en simre.
h) Et ad gangen, bræk æggene i en lille skål og sænk dem forsigtigt ned i det kogende vand ved at smutte dem fra skålen tæt på overfladen.
i) Kog uden låg i 3 til 4 minutter. Brug en hulske til at løfte forsigtigt æggene op af det kogende vand.
j) Dræn æggene på et køkkenrulle.

AT SAMLE SKÅLENE

k) Læg ½ kop varm polenta i bunden af hver skål efterfulgt af ¼ af grøntsagerne og et pocheret æg ovenpå.
l) Dryp toppen af hver skål med lidt olivenolie, salt, peber og en ¼ tsk citronskal. Tilsæt evt. ost og rød peberflager.

2. Morgenmad Burrito med krydret pølse og peberfrugt

Gør: 4

INGREDIENSER:
- 1 pund hakket svinekød eller kalkun (helst naturligt hævet)
- 1 lille løg, hakket
- 1 kop hakket rød peberfrugt
- ⅛ til ¼ tsk cayennepeber
- ⅛ til ¼ tsk rød peberflager
- ½ tsk stødt allehånde
- ½ tsk hele fennikelfrø
- ½ tsk havsalt
- ½ tsk friskkværnet sort peber
- 2 spsk olivenolie, delt
- 4 æg, pisket
- 4 glutenfri bløde tortillas
- 1 bundt frisk koriander, vasket godt, tørret og groft hakket

INSTRUKTIONER:
a) Opvarm en 10-tommer stegepande over medium varme.
b) I en lille skål kombineres det formalede svinekød, løg, peberfrugt, cayennepeber, rød peberflager, allehånde, fennikelfrø, salt og peber. Bland godt uden at overarbejde.
c) Tilsæt 1 spsk olivenolie til stegepanden og tilsæt det krydrede kød. Brug en træske til at bryde kødet op, mens det steger, og lad kødet brune lidt.
d) Når det er brunet, skubbes kødet til den ene side af gryden. Tilsæt den resterende 1 spsk olie til gryden og tilsæt æggene.
e) Vend hurtigt æggene med en spatel, mens de koger, og kombiner dem med det brunede kød og grøntsagerne.
f) Anret tortillaerne på et stort skærebræt og del kød/æggeblandingen imellem dem. Drys med en generøs mængde koriander.
g) Fold bunden af hver tortilla op og følg derefter med siderne, og lad den sidste side stå åben.
h) Hvis du ikke serverer alle 4 burritoer på én gang, så pak dem hver for sig i bagepapir og stil dem på køl. De kan spises kolde eller ved stuetemperatur inden for 3 dage.

3. Friske figner med kanelkrydrede mandler og yoghurt

Gør: 1 MORGENBORDSKÅL

INGREDIENSER:
TIL YOGHURTEN
- 1 kop fuldfed økologisk græsk yoghurt
- 3 modne figner, halveret på langs
- 1 spsk ahornsirup
- ⅓ kop kanelkrydrede mandler

TIL DE KANELKRYDTE MANDLER
- 2 kopper rå mandler
- ¼ kop ren ahornsirup
- 1 spsk kokosolie
- 2 tsk vaniljeekstrakt
- 1 dynger spiseskefuld Ceylon kanelpulver (se tip)

INSTRUKTIONER:
AT LAVE YOGHURTEN
a) Kom yoghurten i en skål og top med de halverede figner.
b) Dryp med ahornsirup og top med de kanelkrydrede mandler.

AT LAVE DEN KANEL-KRYDTEDE MANDEL S
c) Forvarm ovnen til 350°F.
d) Læg de rå mandler på en bageplade og rist i ovnen i 12 minutter.
e) I en mellemstor gryde kombineres ahornsirup, kokosolie, vaniljeekstrakt og kanel.
f) Pisk indtil jævnt blandet og bring det i kog ved middel varme.
g) Sluk ovnen og fjern mandlerne.
h) Brug en træske til at tilføje nødderne til den varme sirupblanding. Rør for at dække nødderne jævnt.
i) Beklæd bagepladen med bagepapir og fordel de overtrukne mandler jævnt på bagepladen.
j) Sæt bagepladen tilbage i den varme ovn og lad den tørre og køle helt af, cirka 1 time.
k) Opbevares i en lukket beholder.

4.Mælkebøtte Frittata med gedeost

Gør: 4

INGREDIENSER:
- 8 æg
- ½ kop mælk
- ½ tsk salt
- ½ tsk friskkværnet sort peber
- 1 spsk usaltet smør eller olivenolie
- 1 mellemstor løg, hakket
- 2 kopper hakkede mælkebøtteblade
- 1 mellemstor tomat
- 4 ounce gedeost, smuldret

INSTRUKTIONER:
a) Forvarm ovnen til 350°F.
b) Pisk æg, mælk, salt og peber sammen i en skål. Sæt til side.
c) Opvarm en 10-tommer, ovnsikker stegepande over medium-lav varme. Tilsæt smørret i gryden.
d) Tilsæt løget og steg langsomt indtil det er gennemsigtigt, cirka 5 minutter. Tilsæt de hakkede mælkebøtteblade og kog yderligere et minut eller to.
e) Skær tomaten i halve, pres (og kassér) frø og frugtkød ud og hak i mundrette stykker.
f) Hæld æggeblandingen oven på de kogte løg og mælkebøtten. Kog indtil kanterne begynder at trække væk fra siderne af panden, cirka 6 minutter.
g) Drys den hakkede tomat og gedeost jævnt over toppen af frittataen og bag i cirka 15 minutter, eller indtil æggene er stivnet.
h) Tag frittataen ud af ovnen med luffer, og lad den hvile på komfuret i 5 minutter, før den skæres.
i) Skær i tern og server straks. Rester gør en god madpakke enten genopvarmet eller serveret kold.

5.Morgenmad Risengrød med Chai Krydderier

Gør: 4

INGREDIENSER:
- 1 til 2 spsk kokosolie
- 2 (13,6 ounce) dåser fuldfed kokosmælk
- 1 kop vand
- 1 kop økologiske hvide basmatiris
- ¼ tsk havsalt
- 1½ tsk stødt kardemomme
- ½ tsk malet ingefær
- 3 spsk brun farin
- ⅓ kop gyldne rosiner
- 2 spsk fintrevet appelsinskal, plus mere til pynt
- ¼ kop hakkede mandler, ristede
- ¼ kop hakkede pistacienødder, ristede

INSTRUKTIONER:
a) Beklæd bunden af en slowcooker med kokosolie.
b) Hæld kokosmælken og vandet i slowcookeren, efterfulgt af ris, salt, kardemomme, ingefær, brun farin, gyldne rosiner og appelsinskal.
c) Rør forsigtigt sammen, og dæk med låg.
d) Drej slowcookeren til høj. Efter 3 timer skal du kontrollere buddingens konsistens. Rør grundigt. Hvis blandingen er for flydende, kog i 30 minutter til 1 time længere, eller tilsæt mere vand, hvis buddingen virker for tyk.
e) Hæld i serveringsskåle og drys med de ristede mandler, pistacienødder og yderligere appelsinskal inden servering.

6.Glutenfri græskar krydderi pandekager

Gør: 4

INGREDIENSER:
- Kokosolie, til smøring, plus 1 spsk
- 1 kop glutenfri pandekageblanding (såsom glutenfri Bisquick eller økologisk glutenfri Bob's Red Mill)
- 2 spsk brun farin
- 1 tsk græskartærtekrydderi
- 1 tsk bagepulver
- ½ tsk salt
- 1 kop kokosmælk (eller nøddemælk, hvis du foretrækker det)
- ⅓ kop græskarpuré på dåse
- 1 tsk vaniljeekstrakt
- Ahornsirup eller nøddesmør, til servering

INSTRUKTIONER:
a) Smør rigeligt en stegepande med kokosolie og stil den over medium varme.
b) I en stor skål røres pandekageblandingen, brun farin, græskartærtekrydderi, bagepulver og salt sammen.
c) Kombiner kokosmælk, græskar, 1 spsk kokosolie og vanilje i en separat skål. Pisk indtil glat.
d) Tilsæt de våde ingredienser til de tørre ingredienser og pisk indtil de netop er blandet.
e) Brug et ¼-kopsmål til at hælde dejen på panden til hver pandekage. Fyld panden med flere pandekager.
f) Når pandekagerne viser luftbobler på toppen, er det tid til at vende og stege, indtil de er brune, cirka 1 minut.
g) Gentag med den resterende dej.
h) Server med ahornsirup eller nøddesmør.

7. Avocado Toast med Heirloom Tomat og Basilikum Pesto

Gør: 2

INGREDIENSER:
TIL AVOCADO TOAST
- 1 moden avocado
- Salt
- Friskkværnet sort peber
- 2 skiver flerkorns surdejsbrød
- 2 skiver stor arvestykke tomat

TIL PESTOEN
- 1 kop friske basilikumblade
- 2 eller 3 fed hvidløg
- 3 spsk valnødder
- ⅓ kop parmesanost (udelad for vegansk mulighed)
- ⅓ kop olivenolie

INSTRUKTIONER:
AT LAVE AVOCADO TOAST
a) Skær avocadoen i halve og fjern kernen. Tag kødet ud af skindet og over i en skål, og mos det med en gaffel. Tilsæt salt og peber efter smag.
b) Rist brødet.
c) Fordel den mosede avocado jævnt over begge toastskiver.
d) Top med en skive tomat og en stor slat pesto.

AT LAVE PESTOEN
e) 1.Kom basilikum, hvidløg, valnødder og ost i en foodprocessor eller blender og tænd for strømmen.
f) Tilsæt olivenolien i en langsom stråle fra toppen af processoren. Behandl indtil tyk og skarp, hvilket bør tage blot et par sekunder.
g) Hvis der er pesto tilovers, hæld den i en lille krukke, toppet med et tyndt lag olivenolie for at holde den frisk og forhindre misfarvning. Dæk med låg og stil på køl.

8. Huevos Rancheros med sorte bønner og Salsa Verde

Gør: 4

INGREDIENSER:
- 2 spsk olivenolie, delt
- 4 (6-tommer) majstortillas
- 1 kop tilberedt salsa verde (tilgængelig i købmanden i den mexicanske madsektion)
- 1 (15 ounce) dåse sorte bønner, drænet og skyllet (se tip)
- 1 tsk stødt spidskommen
- 4 æg
- Revet Cheddar eller Pepper Jack ost, til pynt (valgfrit)
- Hakket frisk koriander, til pynt (valgfrit)
- Limebåde, til pynt (valgfrit)

INSTRUKTIONER:
a) Tilsæt 1 spiseskefuld olivenolie til stegepanden og varm tortillaerne op, en ad gangen, over medium varme, indtil de er let forkullet, 1 til 2 minutter per side. Overfør de opvarmede tortillas til en tallerken.
b) På hver serveringsplade placeres 1 varm tortilla, tilsæt ¼ kop salsa og top med ¼ af de sorte bønner. Drys rigeligt med spidskommen.
c) Varm panden op igen over middel varme. Tilsæt de resterende 1 spsk olivenolie. Knæk æggene i den olierede stegepande og steg indtil hviderne er stivnet, men blommen stadig er flydende, cirka 2 minutter. Overfør 1 æg til hver tortilla.
d) Tilsæt revet ost, hakket koriander eller et skvis lime, hvis det ønskes. Server straks.

9.Mælkebøttemarmelade

Gør: 6 (4-OUNCE) KRUKKER

INGREDIENSER:
- 2½ kopper sukker
- ¾ kop friskpresset appelsinjuice
- 3 spsk revet økologisk appelsinskal
- 1½ kopper gule mælkebøtteblomsterblade (de fleste grønne stykker fjernet)
- ¾ kop vand
- 1 (1,75-ounce) pakke Sure-Jell pektin

INSTRUKTIONER:
a) Kom sukker, appelsinjuice, appelsinskal og mælkebøtteblomster i en foodprocessorskål eller blender.
b) Puls sammen et par gange, indtil det er godt blandet.
c) I en lille gryde piskes vandet og pektinen sammen ved middel varme, indtil det er godt blandet.
d) Bring det hårdt i kog i 1 minut (ikke mindre). Dette trin er bydende nødvendigt for at skabe en tyk marmelade.
e) Fjern fra varmen og tilsæt straks den varme pektin til sukkerblandingen, mens processoren eller blenderen kører.
f) Marmeladen sætter sig meget hurtigt. Hav 4 steriliserede krukker og låg klar til at fylde, forsegle og afkøle.
g) Server på toast til morgenmad eller som glasur til kyllingebryst.

10. Easy Fried Rice Breakfast Bowl

Gør: 4

INGREDIENSER:
- 1 spsk oliven- eller kokosolie
- 1 kop blandede svampe (såsom shiitake, østers og enoki), rensede og groft hakkede
- 1 bundt spidskål (hvide og grønne dele), hakket
- 1 spsk revet frisk ingefær, plus mere til servering
- 5 ounce babyspinat
- 1 spsk vand
- 2 kopper kogte ris eller quinoa
- 4 skiver røget laks, skåret i skiver
- 1 tsk ristet sesamolie
- 1 tsk tamari eller sojasovs

INSTRUKTIONER:

a) Opvarm en 10-tommer stegepande over medium varme og tilsæt olien.

b) Tilsæt de hakkede svampe, spidskål og ingefær til gryden, og sauter indtil de er bløde og duftende, cirka 2 minutter.

c) Tilsæt spinaten i gryden sammen med vandet. Dæk til spinaten er visnet, cirka 2 minutter. Rør grundigt.

d) Tilsæt ris, laks, sesamolie og tamari. Rør sammen og varm igennem.

e) Fordel i lige store portioner i fire skåle. Tilføj en lille smule mere friskrevet ingefær på toppen, hvis det ønskes.

SUPPER OG SALATER

11. Afkølet Gazpacho med Lime Crema

Gør: 4

INGREDIENSER:
TIL SUPPE
- 2 kopper majskerner, skåret fra omkring 3 ører, eller frosne
- 4 kopper organisk tomatjuice med lavt natriumindhold
- 2 mellemstore tomater, hakkede (ca. 2 kopper)
- ½ engelsk agurk, skrællet og skåret i tern
- 2 modne avocadoer, udstenet, skrællet og skåret i tern
- ½ rødløg, finthakket
- ¼ kop friskpresset limesaft
- 3 fed hvidløg, hakket
- ¼ tsk malet cayennepeber (valgfrit)
- Havsalt
- Friskkværnet sort peber

TIL CILANTRO PESTOEN
- 2 kopper finthakket koriander
- 2 spsk friskpresset limesaft
- ½ tsk hakket hvidløg
- ¼ tsk salt
- ¼ til ½ kop olivenolie

TIL LIME CREMAEN
- 4 ounce dyrket creme fraiche eller almindelig yoghurt
- 2 kopper finthakket koriander
- 2 spsk friskpresset limesaft
- ½ tsk revet limeskal
- ½ tsk hakket hvidløg
- ¼ tsk salt

INSTRUKTIONER:
AT LAVE SUPPEN
a) I en stor skål kombineres majs, tomatjuice, tomater, agurk, avocado, rødløg, limesaft, hvidløg og cayennepeber (hvis du bruger). Smag til med salt og peber.
b) Dæk skålen med plastfolie og stil den på køl i mindst 2 timer (suppen bliver bedre, jo længere den køler for at blande dens smag). Rør suppen, hæld den i skåle, og top med en generøs klat pesto og limecrema.

AT LAVE KILANTRO PESTOEN
c) Kombiner koriander, limesaft, hvidløg, salt og olivenolie i en lille skål og rør, indtil det er blandet.

AT LAVE LIME CREMAEN
d) I en anden lille skål kombineres creme fraiche, koriander, limesaft, limeskal, hvidløg og salt og rør, indtil det er blandet.

12. Panzanella salat med revet basilikum

Gør: 4

INGREDIENSER:
- 4 ounce ciabattabrød, skåret i 1-tommers terninger
- 4 spsk olivenolie, delt
- 4 eller 5 modne arvestykketomater i blandede farver (ca. 1½ pund)
- ¼ kop rødvinseddike
- 3 fed hvidløg, hakket
- ½ tsk havsalt
- 1 rødløg, groft hakket
- 2 ounce kapers, drænet
- 6 til 8 oliefyldte ansjosfileter, drænet og groft hakket (valgfrit)
- 4 eller 5 basilikumkviste, stilke fjernet, blade revet

INSTRUKTIONER:
a) Forvarm ovnen til 350°F.
b) Vend ciabattaen med 2 spsk olivenolie. Fordel brødterningerne på en bageplade og rist i ovnen i 10 minutter.
c) For at lave dressingen skal du skære tomaterne i halve. Hæld frugtkødet i en sigte over en lille skål. Pres tomatkødet i sigten for at trække saften ud. Tilsæt derefter de resterende 2 spsk olivenolie, eddike, hvidløg og havsalt til tomatsaften. Kassér frugtkødet, der er tilbage i sigten.
d) Skær tomathalvdelene i mundrette stykker.
e) I en serveringsskål lægges det ristede brød, tomater, løg, kapers og ansjoser, hvis du bruger det.
f) Hæld dressingen over, vend rundt og lad stå i cirka 30 minutter. Dette gør det muligt for brødet at opsuge noget af væsken, og smagene smelter sammen.
g) Når du er klar til servering, vend ingredienserne en gang til og rør basilikumbladene i.

13. Grundlæggende kyllingebensbouillon

Gør: 12 TIL 16 KOPER

INGREDIENSER:
- 1 (3- til 4-pund) økologisk kylling
- 2 løg, groft hakket
- 2 gulerødder, groft hakkede
- 3 selleristængler, groft hakket
- 16 kopper koldt vand
- 2 ounces tørrede astragalus-rodskiver (se Ressourcer)
- 2 spsk æblecidereddike
- ½ tsk havsalt
- ½ tsk friskkværnet sort peber

INSTRUKTIONER:
a) Forvarm ovnen til 375°F.
b) Kom kyllingen i en bradepande og steg i 1 time og 30 minutter, til skindet er brunt og sprødt.
c) Når kyllingen er stegt færdig og afkølet nok til at håndtere, fjernes kødet og stilles til side til et andet måltid.
d) Kom knogler, skind, pandedryp, løg, gulerødder og selleri i en gryde og dæk med koldt vand. Tilsæt astragalus-rodskiverne til bouillonen.
e) Bring det i kog. Tilsæt æblecidereddike. Reducer varmen, læg låg på og lad det simre i 2 til 3 timer. Jo længere bouillonen simrer, jo rigere og mere smagfuld bliver den. Fjern fra varmen og si bouillonen gennem et dørslag over i en stor skål eller suppegryde. Smag fonden til med salt og peber.
f) Når bouillonen er afkølet, stilles den på køl natten over. Dagen efter skal bouillonen være rig og geléagtig. Fedtet vil være størknet på toppen, så du kan fjerne det, hvis det ønskes.
g) På dette tidspunkt er din medicinske bouillon klar til at omdannes til en helbredende suppe eller te eller frosset i beholdere i kvartsstørrelse til senere brug.

14.Italiensk hvidbønne og Escarolesuppe

Gør: 4

INGREDIENSER:
- 6 kopper Basic kyllingebensbouillon eller vand, delt
- 2 (15 ounce) dåser cannellini bønner, drænet og skyllet, delt
- 2 spsk olivenolie
- 2 hoveder escarole, vasket godt og groft hakket
- 4 fed hvidløg, hakket
- Havsalt
- Friskkværnet sort peber
- ¼ kop revet Pecorino Romano ost (valgfrit)
- Knib rød peberflager (valgfrit)

INSTRUKTIONER:
a) Brug en stavblender eller foodprocessor til at blende 1 kop bouillon med 1 dåse cannellinibønner, indtil det er glat. Sæt til side.
b) Opvarm olivenolien ved middel varme i en gryde.
c) Tilsæt den hakkede escarole, hakket hvidløg og salt og sort peber efter smag og sauter i cirka 3 minutter, indtil escaroleen visner.
d) Tilsæt de resterende 5 kopper bouillon, bønne- og bouillonpuréen og den resterende 1 dåse cannellinibønner.
e) Bring det i kog, sænk derefter varmen og lad det simre i 10 minutter.
f) Hæld den varme suppe i individuelle skåle og pynt med ost og rød peberflager, hvis det ønskes.

15. Shiitake miso suppe

Gør: 4

INGREDIENSER:
- 2 spsk olivenolie
- 1 kop shiitakesvampe, opstammet og skåret i tynde skiver
- ½ kop porre eller løg i tynde skiver
- 3 fed hvidløg, hakket
- 1 spsk revet frisk ingefær
- 2 liter grøntsagsbouillon
- 1 kop gulerødder i tynde skiver
- 1 kop tynde skiver baby bok choy
- 2 spidskål, skåret i tynde skiver
- 4 ounce ris vermicelli
- 2 spsk let misopasta (tilgængelig i købmandens køleafdeling sammen med asiatiske eller fermenterede produkter)
- Sojasovs (valgfrit)
- Ristet sesamolie (valgfrit)
- Rød peberflager (valgfrit)

INSTRUKTIONER:
a) Opvarm olivenolien over medium varme i en 3-liters suppegryde og sauter shiitakesvampe, porre, hvidløg og ingefær, indtil svampene er mørkebrune, cirka 5 minutter.
b) Tilsæt bouillon, gulerødder og baby bok choy, og lad det simre, indtil det er mørt, cirka 20 minutter.
c) Sænk varmen, tilsæt spidskål og risnudler, og kog i 5 minutter mere.
d) Tag af varmen og lad køle lidt af.
e) I en lille skål fortyndes den lette misopasta med en lille mængde varm bouillon og tilsættes suppen (se tip).
f) Pynt med sojasovs, ristet sesamolie og rød peberflager efter smag, hvis det ønskes.

16. Karrygræskar grøntsagssuppe

Gør: 8

INGREDIENSER:
- 2 spsk kokosolie
- 4 porrer, kun hvide dele, hakket
- 4 fed hvidløg, hakket
- 8 kopper kylling eller grøntsagsfond eller vand, plus mere hvis det er nødvendigt
- 1 stor sød kartoffel, skrællet og skåret i tern
- 1 (15-ounce) dåse græskarpuré (eller 1½ kopper kogt frisk græskar)
- 1 (15 ounce) dåse tomater i tern (salsa kan erstattes her)
- 1 (15-ounce) dåse kikærter, drænet og skyllet
- 1 tsk havsalt
- 1 tsk friskkværnet sort peber
- 1 (15-ounce) dåse kokosmælk
- 2 spsk karrypulver

1.I en 3-liters suppegryde smeltes kokosolien over medium varme. Tilsæt porrer og hvidløg, og svits indtil porrerne er gennemsigtige.

2.Tilsæt bouillon, sød kartoffel, græskar, tomater og kikærter. Rør for at kombinere; tilsæt salt og peber. Lad det simre i cirka 15 minutter, eller indtil den søde kartoffel er mør.

3.Tilsæt kokosmælk og karrypulver; rør grundigt. Hvis du foretrækker en mere cremet suppe, så brug en stavblender til at purere suppen, tilsæt yderligere bouillon eller vand for at opnå den ønskede konsistens.

4. Hold et svagt kogepunkt indtil servering.

SERVERINGSTIP: For ekstra smag, tilføj en af disse toppings til din suppe: en håndfuld hakket koriander , gyldne rosiner, ristede pinjekerner, rester af ris, frosne ærter eller hakket grønt, som rucola, spinat eller grønkål.

SUNDHEDSTIP: For at opnå de bedste terapeutiske fordele ved gurkemeje (hovedkrydderiet i karry), skal det indtages med et fedtstof som kokosmælk, kokosolie, sødmælk, ghee, smør eller avocado. Derudover øger tilsætning af sort peber gurkemejes optagelse i kroppen med op til 2.000 procent. For de bedste resultater skal du bruge ½ tsk til 1 spiseskefuld om dagen.

17.Middelhavs fiskegryderet

Gør: 4

INGREDIENSER:
- 2 spsk olivenolie
- 1 kop hakket løg
- 1 grøn peberfrugt, kernet og hakket
- 1 kop hakket selleri
- ½ lille fennikelløg, skåret i tynde skiver
- 2 teskefulde tørret Hot & Spicy oregano
- 3 fed hvidløg, hakket
- 2 kopper muslingejuice eller bouillon
- 1 (28-ounce) dåse knuste italienske tomater eller passata
- 1 kop tør hvidvin
- 1 pund vildfangede torskefileter, skåret i 1-tommers stykker
- 1 bundt frisk fladbladet persille, vasket og hakket groft
- Saft og skal af 1 citron

INSTRUKTIONER:
a) Opvarm olivenolien over medium varme i en suppegryde og tilsæt derefter løg, peber, selleri og fennikel. Sauter i 5 minutter.
b) Tilsæt oregano og hvidløg, og rør til det er aromatisk.
c) Tilsæt muslingejuice, knuste tomater og vin. Dæk til og lad det simre i 15 minutter.
d) Tilsæt torsk, hakket persille og citronsaft og -skal, og lad det simre i 15 minutter mere.
e) Hæld i suppeskåle og server.

18.Radise- og rucolasalat med sennepsvinaigrette

Gør: 4

INGREDIENSER:
- 1 bundt flerfarvede radiser
- 2 spsk hakket spidskål
- ¼ kop olivenolie
- 2 spsk risvinseddike
- 1 tsk ahornsirup
- 1 tsk tilberedt dijonsennep
- 1 spsk gule sennepsfrø
- ¼ tsk salt
- ¼ tsk friskkværnet sort peber
- 5 ounce baby rucola

INSTRUKTIONER:
a) Vask radiserne og skær stilke og rødder af.
b) Skær radiserne i tynde skiver med en mandolin eller skarp skærekniv.
c) Læg radiseskiverne og spidskålene i en lille røreskål. Sæt til side.
d) I en lille krukke kombineres olivenolie, eddike, ahornsirup, dijonsennep, sennepsfrø, salt og peber.
e) Sæt glasset fast med låg og ryst godt. Hæld over radiserne; rør til belægning. Dæk til og afkøl indtil servering.
f) Når du er klar til servering, fordeles rucolaen mellem fire skåle. Top hver skål med ¼ af de dressede radiser.

19. Sellerisalat med thailandsk jordnøddedressing

Gør: 4

INGREDIENSER:
- 1 bundt sellerihjerter med blade skåret i skiver (ca. 3 kopper)
- 2 spidskål, grønne og hvide dele, skåret i tynde skiver
- ½ kop revet gulerødder
- ½ kop hakket frisk koriander
- 3 spsk glat jordnøddesmør
- 3 spsk riseddike
- 2 spsk friskpresset limesaft
- 2 tsk fiskesauce (tilgængelig i den asiatiske sektion af din købmand)
- 1 tsk sukker
- 1 tsk sesamolie
- 2 fed hvidløg, hakket
- ½ tsk rød peberflager
- ½ kop tørristede jordnødder

INSTRUKTIONER:
a) I en serveringsskål blandes selleri, spidskål, gulerødder og koriander sammen.
b) I en lille skål røres jordnøddesmør, riseddike, limesaft, fiskesauce, sukker, sesamolie, hvidløg og rød peberflager, indtil de er kombineret.
c) Vend dressingen med de hakkede grøntsager og stil den på køl, indtil den skal serveres.
d) Pynt med peanuts inden servering.

20.Middelhavs Farro salat med asparges og mynte

Gør: 4

INGREDIENSER:
- 1 kop frosne ærter
- 1 kop frossen edamame
- 1 (8-ounce) bundt asparges, hårde ender fjernet, skåret i en vinkel i 2-tommer stykker
- 1 kop ukogt perlefarro
- ¼ kop ekstra jomfru olivenolie
- Saft og skal af 1 stor citron
- 1 håndfuld frisk mynte, skåret i bånd
- Salt
- Friskkværnet sort peber
- 8 til 12 barberede skiver Pecorino Romano ost
- ¼ kop afskallede pistacienødder

INSTRUKTIONER:
a) Fyld en mellemstor gryde med vand og bring det i kog. Tilsæt ærter, edamame og asparges og kog i 2 minutter.
b) Brug en hulske til at fjerne grøntsagerne fra kogevandet, og læg dem i en serveringsskål.
c) Tilsæt farro til det kogende vand og kog i 15 til 20 minutter. Dræn godt af i et dørslag.
d) Læg den varme farro i skålen med grøntsagerne.
e) Bland olivenolie, citronsaft, skal og mynte i en lille skål. Tilsæt dressingen til salaten og vend sammen.
f) Smag til med salt og peber, og pynt med ost og pistacienødder.
g) Serveres varm eller afkølet.

21.Græsk Tzatziki Agurkesalat

Gør: 2 kopper

INGREDIENSER:
- 1 kop græsk yoghurt
- 2 fed hvidløg, hakket
- 3 eller 4 spsk hakket frisk dild
- ½ tsk havsalt
- 1 spsk friskpresset citronsaft
- 1 spsk revet citronskal
- 1 engelsk agurk, skrællet

INSTRUKTIONER:

a) Bland græsk yoghurt, hvidløg, dild, salt, citronsaft og skal i en lille skål.
b) Skær agurken i tynde skiver og læg skiverne i en serveringsskål.
c) Hæld den tilberedte tzatziki sauce over agurkerne. Rør godt sammen.
d) Dæk til og afkøl indtil servering. Serveres koldt.

22. Fransk linsesalat med ristet fennikel og løg

Gør: 4

INGREDIENSER:
- 1 kop franske grønne linser
- 4 kopper vand
- 1 kop fennikelløg i meget tynde skiver
- 1 kop meget tynde skiver rødløg
- ⅓ kop olivenolie, plus mere til drypning
- Salt
- Friskkværnet sort peber
- 1 tsk fennikelfrø
- 1 bundt italiensk persille, renset og hakket
- ¼ kop riseddike
- Saft og skal af 1 citron
- 1 generøs spiseskefuld sennep

INSTRUKTIONER:
a) Forvarm ovnen til at stege og placer ovnristen på den midterste indstilling.
b) I en mellemstor gryde simrer du linserne i vandet i 20 minutter, mens du forbereder resten af ingredienserne.
c) Anret fennikel og løg i skiver på en bageplade, dryp med lidt olivenolie, og smag til med salt og peber.
d) Steg i 8 til 10 minutter, vend én gang, indtil duft og mør.
e) Mens grøntsagerne steger, ristes fennikelfrøene i en tør pande ved middel varme, indtil de dufter, 3 til 5 minutter (se tip).
f) Dræn og skyl linserne. I en serveringsskål, smid linserne med de varme ristede grøntsager og hakket persille.
g) I en krukke kombineres den resterende ⅓ kop olivenolie, eddike, citronsaft og -skal samt sennep. Dæk og ryst for at blande.
h) Hæld dressingen over salaten, drys med de ristede fennikelfrø, og smag igen til med salt og peber.

HOVEDRETTER

23.Søndagsstegt kylling med chimichurri sauce

Gør: 4

INGREDIENSER:
TIL DEN STEGNE KYLLING
- 1 (3- til 4-pund) hel kylling
- 2 spsk olivenolie
- ½ tsk salt
- ½ tsk friskkværnet sort peber
- 4 fed hvidløg
- 1 citron

TIL CHIMICHURRI-SAAUSEN
- 1 kop finthakket frisk persilleblade
- 3 fed hvidløg, hakket
- ½ kop olivenolie
- 3 spsk rødvinseddike
- 1 lille rød chili, frøet og hakket (eller 1 tsk rød peberflager)
- ¾ tsk tørret oregano
- 1 tsk groft salt
- ½ tsk friskkværnet sort peber

INSTRUKTIONER:
AT LAVE DEN STEG KYLLING
a) Forvarm ovnen til 400°F.
b) Fjern indmaden og halsen fra kyllingen, kassér eventuel emballage og læg dem i bradepanden. Selvom du ikke planlægger at spise dem, tilføjer disse god smag til lageret.
c) Skyl indersiden af kyllingen under koldt rindende vand, dup tør med køkkenrulle, og læg den i bradepanden.
d) Gnid hele kyllingen med olivenolien, og drys den derefter generøst inde og ude med salt og peber.
e) Knus hvidløgsfeddene med den flade side af din kniv og skær citronen i halve. Fyld det hele ind i hulrummet på kyllingen.
f) Tilføj en tomme eller to vand til bunden af bradepanden. Dette sikrer en fugtig kylling og giver dig mulighed for at dryppe med pandesaften hver halve time, hvis det ønskes.
g) Sæt kyllingen i ovnen og steg i 1½ time. Skindet skal være brunt og sprødt, og saften skal løbe klar. Vingerne og benene skal være løse, hvis de vrikkes. Hvis du har et kødtermometer, så stik det ind i den kødfuldeste del af brystet; temperaturen skal registrere 180°F.
h) Lad kyllingen hvile i mindst 10 minutter, før du skærer den ud, så saften kan synke tilbage i kødet.

AT LAVE CHIMICHURRI-SAAUSEN
i) Mens kyllingen steger, blandes persille, hvidløg, olivenolie, eddike, chili, oregano, salt og peber grundigt sammen i en skål. Drys kyllingen med saucen og/eller brug som pynt ved servering. (Hvis saucen kommer i kontakt med rå eller delvist kogt kylling, kasseres eventuelle rester.)

24. Fattigmands "krabbe"-kager med yoghurtdildsauce

Gør: 6

INGREDIENSER:
TIL "KRABBE" KAGERNE
- 1 kop brødkrummer (ikke glutenfri), plus mere hvis nødvendigt
- 2 kopper revet zucchini og/eller gul squash (ca. 3 mellemstore), fugt presset ud med et rent linnedhåndklæde
- 3 spsk græsk yoghurt
- 1 æg, pisket
- 2 til 3 tsk Old Bay krydderier (eller efter smag)
- 1 spsk hakket frisk persille
- ¼ tsk friskkværnet sort peber
- 1 lille løg, finthakket
- 2 spsk olivenolie

TIL YOGHURT DILLSAUS
- ½ kop græsk yoghurt
- 1 spsk friskpresset citronsaft
- 1 spsk kapers, drænet
- 1 spsk finthakket frisk dild
- 1 fed hvidløg, hakket

INSTRUKTIONER:
AT LAVE "KRABBE" KAGERNE
a) Hæld brødkrummerne i en mellemstor skål. Tilsæt squash, yoghurt, æg, Old Bay-krydderi, persille, peber og løg. Lad blandingen hvile et par minutter.
b) Blandingen skal være fast og holde godt sammen, og ikke være for våd. Tilsæt eventuelt mere brødkrummer og form til 6 bøffer.
c) Varm olivenolien i en gryde ved middel varme. Kom squashkagerne i panden.
d) Steg til de er pænt gyldne, cirka 5 minutter på hver side.

AT LAVE YOGHURT-DILLSAUCEN
e) Kom yoghurt, citronsaft, kapers, dild og hvidløg i en lille skål og rør, indtil det er godt blandet. Server som tilbehør til squashkagerne.

25.Svinekam med hyldebærblommechutney

Gør: 4

INGREDIENSER:
- 1½ pund udbenet svinemørbrad
- 2 spsk olivenolie, delt
- ½ tsk salt
- ½ tsk groftkværnet sort peber
- ½ tsk hvidløgspulver
- Hyldebærblommechutney, til drysning og servering

INSTRUKTIONER:
a) Forvarm ovnen til 400°F og sæt risten på den midterste indstilling.
b) Skær mørbraden for eventuelt fedt- eller sølvskind, og dup tør med køkkenrulle. Gennemborer svinekammen med en gaffel og gnid med 1 spsk olivenolie.
c) Krydr svinekammen rigeligt med salt, groft sort peber og hvidløgspulver.
d) Opvarm den resterende 1 spsk olivenolie i en stor ovnfast gryde over medium-høj varme.
e) Når olien er varm, tilsæt svinekød og brun på alle sider, cirka 5 minutter i alt. Fjern fra varmen.
f) Hæld ¼ kop chutney over kødet, beklæd så meget som muligt.
g) Sæt stegepanden i ovnen og steg uden låg i 15 minutter, og vend mørbraden halvvejs igennem, indtil midten af svinekødet registrerer mindst 150°F på et kødtermometer.
h) Overfør kødet til et skærebræt, dæk med en længde af aluminiumsfolie, og lad hvile i 5 til 10 minutter.
i) Skær svinekødet i ½ tomme tykke skiver og server med yderligere chutney.

26.Hyldebærblommechutney

Gør: 1 PINT

INGREDIENSER:
- ½ kop rødløg, hakket
- 1 spsk olivenolie
- 4 mørke blommer, udstenede og hakkede (ca. 2 kopper)
- ½ kop tørrede hyben (eller rosiner)
- ¾ kop sukker
- 1 tsk stødt kanel
- ½ tsk malet ingefær
- ½ tsk tørrede nelliker
- 1 kop hyldebæreddike

INSTRUKTIONER:
a) I en 2-liters gryde, sauter løget i olivenolien ved middel varme, under konstant omrøring, indtil det er gennemsigtigt, cirka 5 minutter.
b) Tilsæt blommer, hyben, sukker, kanel, ingefær, nelliker og hyldebæreddike. Reducer varmen til medium-lav og kog uden låg, indtil frugten er faldet sammen og blandingen er tyknet, cirka 25 minutter. Rør ofte for at forhindre fastklæbning.
c) Lad chutneyen køle af, og hæld den i et glas på størrelse med en halv liter. Opbevares i køleskabet i op til 6 måneder (hvis du ikke spiser det først!)
d) SUNDHEDSTIP: Mørkerøde, blå og lilla-pigmenterede fødevarer er naturligt høje i gavnlige antioxidanter kaldet anthocyaniner, som er gavnlige for kardiovaskulær sundhed, kræftforebyggelse og regulering af glukoseniveauer. Hyldebær er specifikt øverst på min liste til forebyggelse af forkølelse og influenza på grund af deres høje niveauer af antiviral aktivitet. Hyldebærpræparater, såsom te, sirupper, eddiker, buske og geléer, kan fremme åndedrætssundheden, lindre øvre luftvejsbetændelse og fungere som slimløsende middel til overbelastede lunger.

27. Pennsylvania Dutch Corn Pie med mælkebøttegrønt

Gør: 4 TIL 6

INGREDIENSER:
- 6 æg
- 1½ kopper halv og halv
- 4 skiver bacon
- 2 kopper majskerner, skåret fra ca. 3 ører eller frosne
- 3 spidskål, skåret i tynde skiver
- ½ kop hakket mælkebøttegrønt
- ½ kop hakket persille
- Dash salt
- Dash friskkværnet sort peber
- Smør, til smøring
- 1 kop glutenfri panko brødkrummer
- 1 spsk olivenolie

INSTRUKTIONER:
a) Forvarm ovnen til 400°F.
b) Pisk æggene i en mellemstor skål og tilsæt halvdelen og halvdelen. Sæt til side.
c) Kog baconen, afdryp og skær den i mundrette stykker. Sæt til side.
d) Kombiner æggeblandingen med majs, bacon, spidskål, mælkebøttegrønt, persille, salt og peber.
e) Smør generøst en 10-tommer tærteplade med smør, og hæld derefter æggeblandingen i.
f) Smid brødkrummerne med olivenolien i en lille skål, og fordel dem derefter på toppen.
g) Bages i 40 til 45 minutter, eller indtil æggene er sat. Serveres varm.

28.Ovnstegt kylling satay

Gør: 4

INGREDIENSER:
- 1 bundt frisk koriander, vasket, stilke adskilt og blade hakkede
- 3 spsk knasende jordnøddesmør
- 1½ spsk thai rød karrypasta
- ¼ kop limesaft
- ¼ kop sojasovs eller tamari (eller glutenfri erstatning)
- 1 spsk brun farin
- 1 spsk revet frisk ingefær
- 1 (13-ounce) dåse fuldfed kokosmælk
- 8 udbenede kyllingelår
- ½ kop ristede jordnødder, hakkede
- 1 rød chilipeber, kernet ud og skåret fint

INSTRUKTIONER:
a) For at lave marinaden skal du putte korianderstilkene, jordnøddesmør, rød karrypasta, limesaft, sojasauce, sukker, ingefær og kokosmælk i en blender eller foodprocessor, og forarbejde indtil glat.
b) Kom kyllingen i en glasskål, overtræk med marinaden, og læg låg på. Lad marinere i køleskabet mindst 1 time.
c) Forvarm ovnen til 350°F.
d) Læg kyllingen og marinaden i en bradepande.
e) Steg kyllingen i 50 til 60 minutter, til den er gylden og mør.
f) Inden servering pyntes med peanuts, chilipeber og korianderblade. Server ekstra sauce ved siden af, hvis det ønskes.

29. Nonnas italienske frikadeller

Gør: 12 TIL 16 FRIKKADELLER

INGREDIENSER:
- 6 skiver italiensk brød, skorper fjernet og skåret i tern
- 1 kop mælk
- 1½ pund hakket oksekød eller kalkun
- 3 æg, pisket
- 1 tsk salt
- 1 tsk friskkværnet sort peber
- ½ kop hakket frisk persille
- 1 til 2 spsk hakket hvidløg
- 1 tsk tørret oregano
- ½ tsk rød peberflager
- ⅓ kop revet Pecorino Romano ost
- ¼ kop almindeligt tørret brødkrummer
- 12 kopper hjemmelavet eller krukke marinara sauce

INSTRUKTIONER:
a) Forvarm ovnen til 400°F. Beklæd en bageplade med bagepapir.
b) Kom brødterningerne i en lille skål og dæk med mælken. Pres ternene ned i mælken med bagsiden af en ske.
c) Læg kødet i en stor skål og tilsæt æg, salt, peber, persille, hvidløg, oregano, peberflager og ost; bland forsigtigt for at kombinere.
d) Brug hænderne til at klemme mælken ud af brødet. Bland det udblødte brød i kødblandingen. Kassér mælken.
e) Tilsæt brødkrummerne til kødblandingen for at absorbere overskydende fugt. Bland alle ingredienserne godt sammen uden at overanstrenge.
f) Del kødblandingen i to. Hver halvdel skal lave 6 frikadeller i god størrelse eller 8 mindre.
g) Skrab portioner af kødblandingen ud med en ske og rul hver frikadelle i hånden.
h) Placér frikadellerne jævnt på den forberedte bageplade.
i) Bages i 30 minutter, eller indtil frikadellerne er begyndt at brune.
j) Hæld marinarasaucen i en stor gryde. Tilsæt frikadellerne og lad dem simre på medium-lav i 1 time eller mere.
k) Server frikadellerne og saucen over pasta eller polenta.

30. Sommer Ratatouille med kikærter

Gør: 4 TIL 6

INGREDIENSER:
- 1 stort løg, skåret i 8 tern
- 2 mellemstore zucchini og/eller gul sommersquash
- 1 mellemstor aubergine
- 2 store søde peberfrugter, blandede farver
- 1 pund store smagfulde tomater eller 1 (28-ounce) dåse hele flåede tomater (jeg anbefaler San Marzano)
- 4 fed hvidløg, groft hakket
- 1 (15-ounce) dåse kikærter, drænet
- 2 spsk tomatpure
- 1 tsk salt
- 1 tsk friskkværnet sort peber
- 3 rosmarinkviste
- 6 timiankviste
- ¼ kop friske basilikumblade, revet

INSTRUKTIONER:

a) Opvarm 2 spsk olivenolie i en stor stegepande over medium-lav varme. Tilsæt løgbåde og steg indtil de er bløde og lys gyldenbrune, cirka 5 minutter. Mens løgene sauterer, hakkes resten af grøntsagerne.

b) Skær enderne af zucchini og aubergine, skær dem i 1-tommers terninger og læg dem i slow cookeren.

c) Trim og udkern peberfrugterne, skåret i 1-tommers stykker, og tilsæt til slow cookeren.

d) Udkern tomaterne, skåret i 1½-tommers stykker, og tilsæt til slow cookeren.

e) Tilsæt hvidløg og kikærter til slow cookeren.

f) Når løgene er lyse gyldenbrune, tilsættes tomatpuréen i gryden og røres for at dække løgene. Overfør løgblandingen til slow cookeren. Tilsæt 2 spiseskefulde olivenolie, salt og peber og rør rundt for at dække alle grøntsagerne.

g) Fjern bladene fra stænglerne af rosmarin og timian, og synk krydderurterne ned i grøntsagerne. Kassér stilkene.

h) Dæk til slow cookeren og kog indtil grøntsagerne er møre, cirka 4 timer på høj eller 6 timer på lav.

i) Når du er klar til servering, hæld ratatouillen i individuelle skåle, rør basilikum i og dryp med mere olivenolie.

31.Klassisk oksegryderet

Gør: 4

INGREDIENSER:
- 1½ pund udbenet oksekød, i tern
- 1 tsk salt
- 1 tsk friskkværnet sort peber
- 2 spsk olivenolie, plus mere hvis nødvendigt
- 1½ kopper gult løg i tern
- 3 spsk mel
- 1 kop rødvin
- 2 kopper vand
- 3 fed hvidløg, hakket
- 3 laurbærblade
- 6 timiankviste, stilke fjernet (eller 1 tsk tørret)
- 2 kopper nye kartofler
- 4 eller 5 gulerødder, skåret på skrå i 1 tomme tykke stykker

INSTRUKTIONER:
a) Forvarm ovnen til 450°F.
b) Dup oksekødsternene tørre med køkkenrulle og krydr godt med salt og peber.
c) I en tykbundet, ovnfast gryde med tætsluttende låg varmes olivenolien op ved middelhøj varme.
d) Når olien er meget varm, tilsæt forsigtigt halvdelen af oksekødsterne, pas på ikke at trænge gryden sammen.
e) Lad oksekødet danne en mørkebrun skorpe, inden det vendes, cirka 5 minutter. Denne skorpe vil give dyb smag til gryderet.
f) Når ternene er pænt brune på alle sider, lægges de til hvile i en skål.
g) Gentag bruningsprocessen med den anden halvdel af oksekødet, og tilsæt mere olie til gryden, hvis det er nødvendigt.
h) Stil alt det brunede kød til side i skålen.
i) Hvis panden ser tør ud, så tilsæt lidt mere olie og tilsæt løget. Kog, under ofte omrøring, i 5 minutter.
j) Tilsæt melet til de kogte løg og rør rundt, så det er dækket helt.
k) Tilsæt rødvin og vand i gryden. Skrab eventuelle brunede stykker op i bunden med en spatel.
l) Pisk konstant over medium varme, indtil væsken er tyk og boblende, cirka 5 minutter.
m) Tilsæt oksekødsterninger og saft fra skålen. Tilsæt hvidløg, laurbærblade og timian i gryden, og rør til det er tykt og boblende.
n) Dæk med det samme med et stort stykke kraftig aluminiumsfolie, tryk forsigtigt folien ned på toppen af gryden og mod indersiden af gryden, og forsegl den tæt rundt om kanten. Dette holder dampen inde i gryden og mørner oksekødet.
o) Dæk gryden med låg og sæt den ind i den varme ovn. Lad det stege i 1 time og 30 minutter.
p) I mellemtiden, i en stor gryde fyldt med vand, og kog kartofler og gulerødder, indtil de er lige møre, cirka 20 minutter.
q) Fjern fra varmen, dræn vandet fra og hold grøntsagerne i den varme gryde, indtil oksekødet er færdigt.
r) Tag gryden ud af ovnen efter 1 time og 30 minutter. Fjern forsigtigt låg og folie, og rør grøntsagerne i. Kassér laurbærbladene. Serveres varm.

32.Steg med kylling og 3 kål

Gør: 4

INGREDIENSER:
- 1 spsk kokosolie, plus 1 tsk
- 1 pund kyllingebryst, skåret i mundrette stykker
- ½ tsk salt
- ½ tsk friskkværnet sort peber
- 1 tsk revet frisk ingefær
- 2 kopper skåret Napa-kål
- 1 kop skåret lilla kål
- 2 kopper baby grønkål
- 1 stor gulerod, skrællet og skåret på skrå i ¼ tomme tykke skiver
- 2 spsk vand
- 2 fed hvidløg, hakket
- 1 tsk fiskesauce
- 3 spsk tamari
- 1 tsk sesamolie
- Saft af ½ lime
- 1 tsk sesamfrø

INSTRUKTIONER:
a) Opvarm 1 spsk kokosolie over høj varme i en stor stegepande eller wok.
b) Tilsæt kyllingen og drys med salt og peber.
c) Kog i 3 minutter på hver side, og overfør derefter kyllingen og dens saft til en skål.
d) Stil gryden tilbage over høj varme og tilsæt den resterende 1 tsk kokosolie.
e) Tilsæt ingefær, Napa-kål, lilla kål, baby-grønkål og gulerod og kog i 2 minutter under jævnlig omrøring.
f) Tilsæt vand, hvidløg, fiskesauce, tamari, sesamolie og limesaft, og kom derefter kyllingen tilbage i gryden.
g) Rør for at kombinere. Kog i 2 minutter mere, omrør ofte.
h) Drys med sesamfrø og server over dampede ris.

33.Pasta med prosciutto og ærter

Gør: 4

INGREDIENSER:
- 1 pund fettuccine
- 2 spsk ekstra jomfru olivenolie
- ½ løg, skåret i tynde skiver
- 4 ounce prosciutto, skåret i tynde bånd
- 1 kop tung fløde
- 1 tsk friskkværnet sort peber
- ⅛ tsk frisk revet muskatnød
- 1½ dl ærter, friske eller frosne
- ½ kop revet parmesanost, delt
- ½ kop hakket frisk mynte, delt
- 1 tsk revet citronskal
- 1 tsk friskpresset citronsaft

INSTRUKTIONER:
a) Bring en stor gryde med godt saltet vand i kog, og kog fettuccinen efter pakkens anvisning, indtil den er al dente. Dræn, gem ½ kop pastakogevand.
b) Mens pastaen koger, opvarmes olien i en 12-tommer stegepande over medium-høj varme. Tilføj løget til stegepanden og steg under omrøring, indtil det er gennemsigtigt, cirka 3 minutter. Tilsæt prosciutto-båndene og kog under omrøring, indtil de er opvarmet og viser nogle brune stykker, cirka 1 minut.
c) Tilsæt tung fløde, sort peber og muskatnød og bring det i kog. Tilsæt ærterne og reducer varmen til medium-lav. Lad det simre, under omrøring ofte, indtil ærterne er gennemstegte, cirka 5 minutter. Tag gryden af varmen.
d) Tilsæt den kogte pasta til saucen sammen med halvdelen af osten og halvdelen af mynten. Tilsæt citronskal og saft.
e) Tilsæt om nødvendigt noget af det reserverede pastavand for at fortynde saucen.
f) Fordel mellem 4 tallerkener og top med den resterende ost og mynte.

34. Chili Cod Tacos med Lime Crema

Gør: 4

INGREDIENSER:
- ½ kop creme fraiche
- Skal af ½ lime
- Saft af 1½ lime, delt
- Dash spidskommen, plus ½ tsk
- Dash hvidløgspulver
- 2 spsk olivenolie
- 2 pund friske torskefileter, gerne vildtfangede
- 2 spsk usaltet smør
- 1 tsk chilipulver
- ½ tsk tørret oregano
- ½ tsk salt
- 16 (5-tommer) bløde majstortillas
- ¼ hoved lilla kål, skåret i tynde skiver
- 2 tomater, i tern
- 2 avocadoer, udstenet, skrællet og skåret i tern

INSTRUKTIONER:
a) Forvarm ovnen til 450°F.
b) Lav limecremen. I en lille skål kombineres creme fraiche, limeskal, saft af ½ lime, et skvæt spidskommen og hvidløgspulver. Dæk til og stil på køl indtil serveringstid.
c) Beklæd bunden af en bradepande med olivenolie og læg fiskefileterne i gryden.
d) Smelt smørret i en lille gryde og tilsæt chilipulver, oregano, ½ tsk spidskommen, salt og den resterende saft af 1 lime. Rør for at kombinere.
e) Pensl smørblandingen over torsken og bag i 12 til 15 minutter, afhængig af fiskens tykkelse, indtil den er uigennemsigtig og let flager.
f) Pak stakken af majstortillas ind i to fugtede papirhåndklæder og derefter i aluminiumsfolie.
g) I løbet af de sidste 5 minutter af tilberedningen skal du placere de indpakkede tortillas i ovnen for at blive varme.
h) Anret kål, tomater og avocadoer på en tallerken.
i) Tag tortillaerne ud af ovnen og kom dem over på en tallerken. Holde varm.
j) Tag fisken ud af ovnen og del den i 8 portioner ved hjælp af kanten af en spatel, og kom den over på en tallerken.
k) Server tacokomponenterne i familiestil, så gæsterne kan fylde deres egne varme tortillas med fisk og grøntsager, og toppe med limecrema.
l) Denne opskrift vil lave 8 tacos med 2 majstortillas hver.

35. Spanske Rice Zucchini-både

Gør: 4

INGREDIENSER:
- Olivenolie, til smøring, plus 1 spsk
- 2 mellemstore zucchini, halveret på langs
- ½ løg, hakket
- ½ rød peberfrugt, kernet og hakket
- 3 fed hvidløg, hakket
- ½ tsk spidskommen
- ½ tsk tørret oregano
- ½ tsk paprika
- ½ tsk salt
- ½ tsk friskkværnet sort peber
- ½ kop kogte ris
- 1 (15-ounce) dåse sorte bønner, drænet og skyllet
- 1½ kopper tilberedt enchiladasauce
- 1 kop revet vegansk ost (valgfrit)

INSTRUKTIONER:
a) Forvarm ovnen til 400°F.
b) Olie let en 9-x13-tommer bageform.
c) Brug en teske til at tage squashfrøene og det omgivende kød ud, så der er en ¼ tomme tyk skal tilbage.
d) Tilsæt 1 spsk olivenolie, løg og peber i en stegepande over medium varme, og sauter i 5 minutter. Tilsæt hvidløg, spidskommen, oregano, paprika, salt og peber, og steg i endnu et minut.
e) Tilsæt ris og sorte bønner, og kog i yderligere 3 minutter, indtil de er gennemvarme. Fjern fra varmen.
f) Fordel risblandingen jævnt mellem courgettehalvdelene og læg dem i det smurte ovnfast fad.
g) Top zucchinien jævnt med enchiladasauce.
h) Top med revet ost, hvis du bruger, og bag i 30 minutter.
i) Tag ud af ovnen og lad hvile 5 minutter før servering.

36.Quick Pad Thai

Gør: 4

INGREDIENSER:
- 8 ounce pad thailandske nudler (brede risnudler)
- 3 æg
- Salt
- 5 spsk fiskesauce
- 5 spsk sukker (gerne kokossukker eller brun farin)
- 5 spsk risvinseddike
- 1 spsk sojasovs eller tamari
- 2 spsk kokosolie, delt
- 8 ounce store rejer, renset
- 1 lille løg, hakket
- 4 spidskål, skåret i tynde skiver på diagonalen
- 3 eller 4 fed hvidløg, hakket
- 2 tsk hakket frisk ingefær
- 1 (4-ounce) pakke friske mungbønnespirer
- ½ tsk rød peberflager
- ½ kop jordnødder, hakkede, plus mere til pynt
- 1 lime, i kvarte

INSTRUKTIONER:

a) Læg risnudlerne i et lavt ovnfad og dæk dem med kogende vand i 5 til 7 minutter. Dræn og sæt til side.
b) I en lille skål piskes æggene med en gaffel og smages til med salt. Sæt til side.
c) I en anden lille skål blandes fiskesauce, sukker, riseddike og sojasovs. Sæt til side.
d) Opvarm 1 spiseskefuld kokosolie i en dyb stegepande eller wok over medium-høj varme. Svits rejerne på begge sider, 1 til 2 minutter. Stil til side i en skål.
e) Saml dine skåle rundt om komfuret. I samme stegepande eller wok opvarmes den resterende 1 spsk kokosolie over medium varme. Tilsæt løg, spidskål, hvidløg og ingefær. Kog et par minutter under omrøring, indtil det er gyldent og duftende.
f) Lav en brønd i midten af gryden og tilsæt de piskede æg. Med en spatel rører du æggene hurtigt, og brækker dem fra hinanden i små stykker, mens du inkorporerer løg, spidskål, hvidløg og ingefær.
g) Tilsæt straks de afdryppede nudler og vend med æggeblandingen, omrør og vend konstant i et par minutter, indtil nudlerne bliver bløde og smidige.
h) Tilsæt fiskesauceblandingen og rejerne. Vend og smid nudlerne i et par minutter mere. (Fiskelugten vil forsvinde.)
i) Tilsæt mungbønnespirer, rød peberflager og peanuts.
j) Fordel mellem 4 plader.
k) Pynt med yderligere hakkede peanuts og limebåde.

37. Lammeburger med fetaost og tzatziki

Gør: 4

INGREDIENSER:
- 1 pund malet lam
- 2 spsk stødt tørret mynte
- 2 spsk hakket frisk rosmarin
- 2 fed hvidløg, hakket
- ½ tsk salt
- ½ tsk friskkværnet sort peber
- 1 spsk olivenolie
- 4 bløde hamburgerboller
- 4 romainesalatblade
- 4 skiver tomat
- 4 spsk smuldret fetaost
- ½ kop tzatziki sauce, tilberedt eller hjemmelavet (se her for opskrift)

INSTRUKTIONER:
a) I en stor skål kombineres lam, tørret mynte, frisk rosmarin, hvidløg, salt og peber.
b) Brug dine hænder og bland forsigtigt ingredienserne sammen; overbland ikke.
c) Form blandingen til fire bøffer. Læg på en tallerken og dæk med plastfolie.
d) Stil på køl i 15 minutter, mens du laver tzatziki-saucen, hvis den ikke bruges tilberedt.
e) Bring burgerne til stuetemperatur. Varm en stegepande op over medium-høj varme.
f) Tilsæt olivenolien til den varme gryde, læg burgere i gryden og steg i 4 minutter på hver side til medium-rare.
g) Mens burgerne koger, ristes bollerne med skæresiden nedad på en stor bageplade eller stegepande, indtil de er let brune, cirka 3 minutter.
h) Tag bollerne af varmen og læg 1 salatblad, 1 tomatskive og 1 spiseskefuld feta på hver bollebund.
i) Top den nederste halvdel af bollerne med en lammeburger og 2 spsk tzatziki. Dæk med den øverste halvdel af bollen og server varm.

SNACKS OG SIDER

38.Søde og velsmagende nødder med tre urter

Gør: 4

INGREDIENSER:
- 3 spsk usaltet smør
- ¼ kop ahornsirup
- Knib stødt cayennepeber
- 2 kopper blandede nødder (mandler, hasselnødder, valnødder og pistacienødder)
- ½ tsk havsalt
- 1½ tsk friskkværnet sort peber
- 1 tsk hakket frisk salvie
- 1 tsk hakket frisk rosmarin
- 1 tsk hakket frisk timian

INSTRUKTIONER:
a) Forvarm ovnen til 325°F.
b) I en lille gryde varmes smør, ahornsirup og cayennepeber op ved svag varme, indtil smørret er smeltet.
c) Tilsæt de blandede nødder og rør rundt med en ske, indtil de er jævnt dækket.
d) Beklæd en bageplade med bagepapir; fordel nødderne jævnt over det.
e) Bages i 20 minutter eller indtil det meste af væsken er fordampet.
f) Tag ud af ovnen, og smag straks til med salt, peber, salvie, rosmarin og timian under omrøring for at dække nødderne.
g) Lad nødderne afkøle i mindst 1 time inden servering.

39. Omega-3 Deep-Sea Pâté

Gør: 4

INGREDIENSER:
- 8 spsk usaltet smør, ved stuetemperatur og i tern
- 1 (4,4 ounce) dåse vildtfangede, benfri sardiner i olie, drænet
- 1 dåse vildfanget, udbenet makrel i olivenolie, drænet
- 3 spiseskefulde hakket skalotteløg (ca. 1 stor skalotteløg)
- 1 spidskål, hvide og grønne dele, hakket
- 3 spsk finthakket persille, plus mere til pynt
- 3 til 4 teskefulde revet peberrod
- 1 spsk friskpresset citronsaft
- ½ tsk salt
- ½ tsk friskkværnet sort peber

INSTRUKTIONER:

a) Kom smør, sardiner, makrel, skalotteløg, spidskål, persille, peberrod, citronsaft, salt og peber i en foodprocessor og forarbejd det, indtil det er glat og ensartet i konsistensen.

b) Overfør patéen til serveringsfadet. Dæk til og stil på køl i minimum 2 timer.

c) Pynt med ekstra persille og server.

d) Server på crostini eller ristet rugbrød.

40.Krydret syltede rødbedeæg

Gør: 6 ÆG

INGREDIENSER:
TIL DEN KARMINATIVE SYLTNING KRYDDERIBLANDING
- 6 (3-tommer) kanelstænger
- 6 spsk gule sennepsfrø
- 3 spsk hele allehånde bær
- 2 spsk hele korianderfrø
- 2 tsk rød peberflager (eller mindre efter smag)
- 3 laurbærblade, smuldret
- 20 hele nelliker

TIL RØDEBEDEÆG
- 1 stor rødbede, skrællet, skåret og groft hakket
- 2 kopper vand
- 6 hårdkogte æg, pillede
- 2 spsk Carminative Pickling Krydderiblanding
- 1 kop æblecidereddike
- 1 rødløg, skåret i skiver
- ⅓ kop sukker
- ½ tsk salt
- ½ tsk friskkværnet sort peber

INSTRUKTIONER:
FOR AT LAVE DEN KARMINATIVE SYLTNINGSKRYDDERIBLANDING
a) Læg kanelstængerne i en papirpose og knæk dem i mindre stykker med en kagerulle.
b) Bland kanel, sennepsfrø, allehåndebær, koriander, rød peberflager, laurbærblade og nelliker sammen i en lille skål.

AT LAVE RØDBEDEÆG
c) I en mellemstor gryde, lad de hakkede rødbeder simre i vandet, tildækket, indtil de er møre, cirka 35 minutter. Dræn, gem 1 kop af kogevandet.
d) Læg æggene i en quart-størrelse bredmundet krukke.
e) Kom 2 spsk syltede krydderier og kogte rødbeder i glasset oven på æggene.
f) I samme gryde bringes det reserverede roevand, eddike, løg, sukker, salt og peber til at simre. Kog indtil sukkeret er opløst og løget er blødt og gennemsigtigt, cirka 5 minutter.
g) Fjern fra varmen og lad afkøle i 10 minutter.
h) Hæld den varme eddike-løgblanding over æg, rødbeder og syltede krydderier i glasset, og dæk æggene helt. Dæk med et plastik låg. (Eddike kan ætse metallåget på murerkrukker.)
i) Stil på køl. Æggene er klar til at spise i løbet af et par dage. Opbevar den resterende carminative syltningskrydderiblanding i en krukke med låg.

41. Rosemary Feta Spread med Pita Points

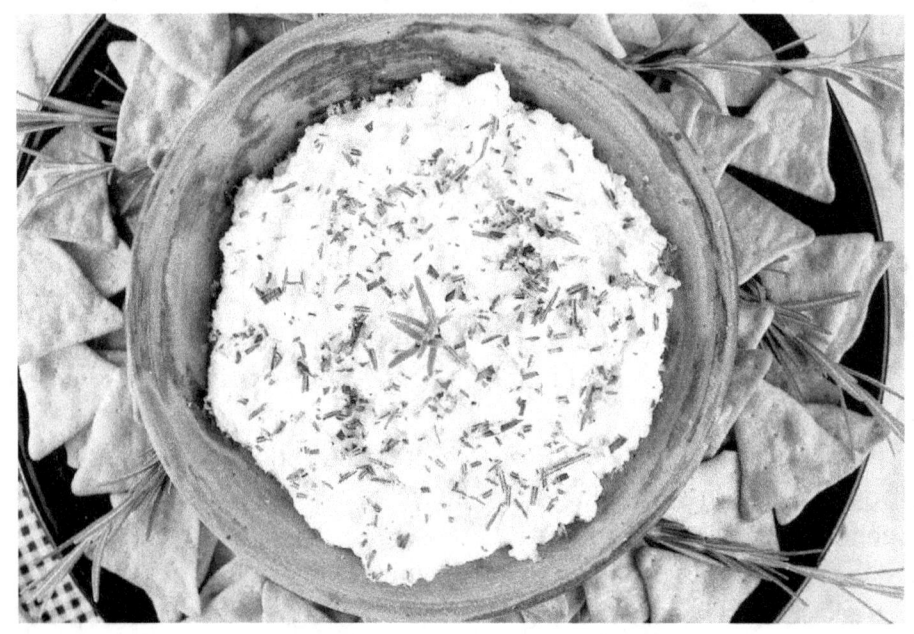

Gør: 4

INGREDIENSER:
- 8 ounce fetaost, smuldret
- 4 ounce flødeost, blødgjort
- 1 spsk revet citronskal
- 1 spsk hakket hvidløg
- ¼ kop hakket frisk rosmarin
- ½ tsk friskkværnet sort peber
- Olivenolie, til pynt
- Rosmarinkviste, til pynt
- Pitabrød, ristet og skåret i trekanter

INSTRUKTIONER:
a) Kombiner feta, flødeost, citronskal, hvidløg, rosmarin og peber i en mellemstor skål og bland godt med en gaffel.
b) Overfør til en lille serveringsskål. Dæk til og stil på køl i et par timer, hvis du har tid.
c) Dryp med olivenolie og pynt med rosmarinkviste. Server med pita-spidserne.

42. Hummus med hvidløg

Gør: 4

INGREDIENSER:
- 1 (15 ounce) dåse kikærter, drænet for det meste af væsken (reserver 3 spiseskefulde til blanding)
- 1 spsk tahini
- Saft af 2 til 3 citroner
- 3 store fed hvidløg
- ½ tsk salt
- ¼ til ⅓ kop olivenolie

INSTRUKTIONER:
a) Kom kikærter, reserveret kikærtevæske, tahin, citronsaft, hvidløg og salt i en foodprocessor. Puls for at kombinere og lave til en pasta.
b) Mens processoren kører, dryp langsomt olivenolien gennem toppen, indtil hummusen når den konsistens, du foretrækker.
c) Overfør til en skål med låg. Stil på køl i 3 timer, så smagen kan blande sig.
d) Server med friske, sprøde crudités, som skåret gulerødder, selleri, agurker og peberfrugter eller majstortillachips.

43. Gyldne ris med ærter og ristede nødder

Gør: 4

INGREDIENSER:
- 2¼ kopper vand, delt
- ½ tsk salt, plus mere til krydderier
- 1 kop basmatiris
- 3 spsk pinjekerner eller cashewnødder (valgfrit)
- 1 spsk kokosolie
- ¼ kop hakket løg
- ¼ kop frosne ærter
- ¼ tsk rød peberflager
- 1 til 2 teskefulde anti-inflammatorisk gylden pasta
- Hakket frisk koriander, til pynt

INSTRUKTIONER:
a) I en mellemstor gryde bringes 2 kopper vand i kog og tilsæt saltet.
b) Tilsæt risene og rør rundt. Dæk til og reducer varmen. Lad det simre i 20 minutter eller indtil vandet er absorberet. Fnug og sæt til side.
c) Rist nødderne, hvis de bruges, i en tør stegepande i 3 til 5 minutter ved middel varme, indtil de er duftende og gyldne. Sæt til side.
d) Varm olien op i samme stegepande ved middel varme. Tilsæt løg, ærter og rød peberflager. Kog i 5 minutter.
e) Reducer varmen til medium-lav. Tilsæt den gyldne pasta og den resterende ¼ kop vand til stegepanden. Rør for at blande.
f) Tilsæt de kogte ris og nødder til stegepanden og rør, indtil risene er gyldne, og nødderne og grøntsagerne er jævnt fordelt. Smag til med salt efter smag.
g) Varm igennem i 2 minutter.
h) Pynt med koriander og server med det samme.

44. Barbecue Baby Lima bønner

Gør: 4

INGREDIENSER:
- 2 spsk olivenolie
- 1 kop hakket løg
- 2 fed hvidløg, hakket
- 8 ounce frosne baby lima bønner
- ½ stor grøn peberfrugt, frøet og hakket
- 1 tsk røget paprika
- ¼ tsk rød peberflager
- ½ tsk tørret oregano
- 1 kop knuste tomater
- ½ kop vand
- 1 spsk friskpresset limesaft
- ¼ tsk salt
- ¼ tsk friskkværnet sort peber

INSTRUKTIONER:
a) Varm en stor stegepande op over medium-høj varme.
b) Tilsæt olie og løg; kog i 2 minutter under jævnlig omrøring.
c) Tilsæt hvidløg og steg videre i endnu et minut.
d) Tilsæt lima bønner, grøn peber, paprika og rød peberflager under konstant omrøring.
e) Når krydderierne er blevet aromatiske, tilsættes de knuste tomater, vand og limesaft.
f) Bring det til et lavt kogepunkt, læg låg på og lad det dampe i 10 minutter under omrøring af og til. Tilsæt salt og peber.
g) Fjern låget. Fortsæt med at simre i 10 minutter længere, så noget af den overskydende væske kan fordampe og smagene blandes før servering.

45. Kartoffelgnocchi med brunet salviesmør

Gør: 4

INGREDIENSER:
- 3 kopper kogte gnocchi (tilgængelig i den frosne madgang i 1-pund poser)
- Olivenolie
- 3 spsk smør
- 2 spsk fint skåret frisk salvie
- ¼ kop pinjekerner
- 3 fed hvidløg, skåret i tynde skiver
- Salt
- Friskkværnet sort peber
- 2 spsk finthakket frisk persille

INSTRUKTIONER:
a) Kog gnocchierne efter pakkens anvisning. Afdryp, dryp med lidt olivenolie, og hold varmt.
b) Varm en stor stegepande op over medium-lav varme. Tilsæt smørret, lad det smelte, og fortsæt med at varme langsomt op, indtil du ser nogle lysebrune faste stoffer dannes i gryden, cirka 5 minutter. Tilsæt salvie og steg i cirka 1 minut, til den bliver brun og sprød.
c) Reducer varmen til lav; tilsæt pinjekerner og hvidløg. Rør konstant i yderligere et minut.
d) Fjern salvie, pinjekerner og hvidløg fra gryden med en hulske og stil til side.
e) Tilsæt de kogte gnocchi til gryden og kog i 5 til 7 minutter ved middel varme, under omrøring af og til, indtil de er brune og sprøde. Smag til med salt og peber.
f) Sluk for varmen. Tilsæt salvie, pinjekerner og hvidløg tilbage i gryden, og rør for at kombinere.
g) Drys med friskhakket persille og server.

46. Vintergrøntsager med rosmaringlasur

Gør: 4

INGREDIENSER:
- 1 stor sød kartoffel, vasket (men ikke skrællet) og skåret i 8 stykker
- 1 rødløg, pillet og skåret i 8 tern
- 2 rødbeder, stilkeender fjernet, vasket (men ikke skrællet) og delt i kvarte
- 2 kopper rosenkål, skåret og halveret
- ¼ kop hakket frisk rosmarin
- 1 spsk olivenolie
- ½ tsk salt
- ½ tsk friskkværnet sort peber
- 1 stor hvidløgsløg, overskydende papirbelægning fjernet, skåret i to på kryds og tværs og gnedet med olivenolie på de afskårne ender
- 1 spsk balsamico glasur

INSTRUKTIONER:
a) Forvarm ovnen til 450°F. Beklæd en bageplade med bagepapir.
b) Læg sød kartoffel, løg, rødbeder og rosenkål i en stor skål.
c) Tilsæt rosmarin, olivenolie, salt og peber. Kast for at dække alle grøntsagerne.
d) Arranger grøntsagerne på den forberedte bageplade.
e) Læg hvidløgspæren med snitsiden opad mellem de hakkede grøntsager.
f) Bages i cirka 20 minutter, eller indtil gaffelen er møre. Fjern fra ovnen.
g) Når det er køligt nok til at håndtere, fjern hvidløget og pres de ristede fed ud af papirbeklædningen ind i de andre grøntsager. Rør for at kombinere.
h) Dryp med balsamicoglasuren og server med det samme.

47.Ingefær-pigget Baby Bok Choy

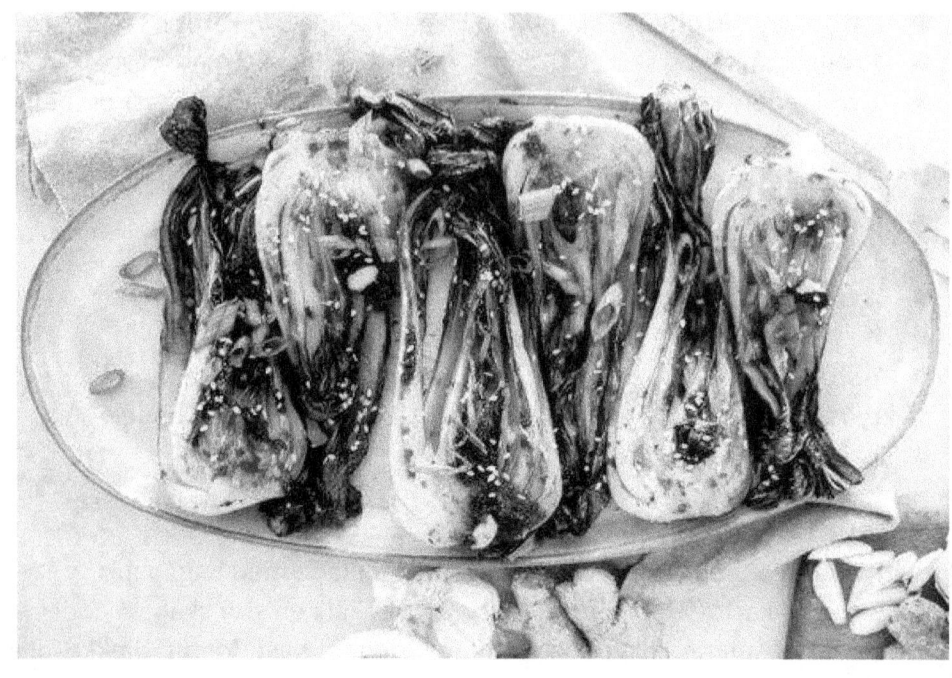

Gør: 4

INGREDIENSER:
- 2 spsk olivenolie
- 2 fed hvidløg, hakket
- 1 dynge tsk revet frisk ingefær
- 2 pund baby bok choy, vasket og trimmet
- 1 spsk sojasovs
- 1 tsk ristet sesamolie
- 1 tsk sesamfrø

INSTRUKTIONER:
a) Varm olien op i en stor sauterpande ved middel varme. Tilsæt hvidløg og ingefær, og steg i 1 minut.
b) Skær bok choyen på skrå i 2-tommer skiver.
c) Tilsæt bok choy, sojasovs og sesamolie til gryden, og kog under konstant omrøring, indtil grøntsagerne er visnet, stilkene er møre, og krydderierne karamelliserer lidt, cirka 5 minutter.
d) Drys sesamfrø ovenpå og server med det samme.

48.One-Pande Summer Squash Gratineret med timian

Gør: 4

INGREDIENSER:
- 2 spsk smør
- ½ løg, meget tynde skiver
- 2 store fed hvidløg, hakket
- ½ kop hvidvin, delt
- ½ kop tung fløde
- ½ tsk friskkværnet sort peber
- 2 spsk frisk timian (eller 1 spsk tørret timian)
- ¼ kop revet parmesanost
- 1 zucchini, skåret i ¼-tommer tykke runder
- 1 gul squash, skåret i ¼-tommer tykke runder
- 1 kop revet schweizerost
- ½ kop glutenfri panko brødkrummer

INSTRUKTIONER:
a) Forvarm ovnen til 450°F.
b) Smelt smørret i en ovnfast gryde ved middel varme. Tilsæt løget og steg indtil kanterne begynder at brune, cirka 5 minutter.
c) Tilsæt hvidløg og steg i yderligere 1 minut.
d) Tilsæt ¼ kop hvidvin for at deglaze panden, og skrab eventuelle brunede stykker op.
e) Tilsæt fløde, peber og timian, og lad det simre, indtil det er boblende og begynder at tykne. Rør langsomt parmesanosten i.
f) Tilsæt zucchini og gul squash, vend for at dække alle skiverne, og kog yderligere 4 til 5 minutter.
g) Drys med schweizerost og brødkrummer, og bag i 10 til 15 minutter, indtil osten og brødkrummerne er gyldenbrune.

KRYDER

49. Grundlæggende urte-infunderet eddike

Gør: 1 PINT

INGREDIENSER:
- 1 kop hakkede friske urter eller ⅓ kop tørrede urter (se foreslåede urtekombinationer i tip)
- 2 kopper rå æblecidereddike

INSTRUKTIONER:
a) Fyld en pint-størrelse, bredmundet murerkrukke med de friske (eller tørrede) aromatiske urter.
b) I en mellemstor gryde varmes æblecidereddiken lidt op ved middel varme til samme temperatur som den helt rigtige te. Opvarmning af eddike (men ikke kogning) vil hjælpe med at sætte gang i infusionsprocessen.
c) Hæld den let opvarmede rå æblecidereddike over krydderurterne og fyld den inden for 1 tomme fra toppen af krukken.
d) Dæk glasset med et skruelåg af plastik, eller brug flere lag plastikfolie (eller vokspapir), der holdes på plads med et gummibånd. Eddike vil forårsage korrosion på et metallåg.
e) Mærk glasset med navnet på urten(e) og datoen, du lavede den. Marker din kalender 3 til 4 uger frem for at minde dig selv om at si eddiken. Hold krukken væk fra direkte sollys. Det er ikke nødvendigt at afkøle; på disken er fint. Giv den en god shake en eller to gange om ugen. Du bemærker måske, at eddiken skifter farve eller får urtens aromatiske kvalitet. Det er en god ting.
f) Efter 3 til 4 uger, si eddiken i en ren krukke og kasser urterne. Mærk og opbevar i et køkkenskab.

50.Urte Pantry Immuneddike

Gør: 1 CUP

INGREDIENSER:
- 1 spsk tilberedt peberrod
- 1 spsk hakket hvidløg
- 1 spsk hakket løg
- 1 spsk hakket frisk ingefær
- 3 spiseskefulde tørrede hyldebær
- 2 skiver citron og/eller appelsin
- ½ tsk rød peberflager
- 1 kop rå æblecidereddike

INSTRUKTIONER:
a) Kom peberrod, hvidløg, løg, ingefær, hyldebær, citron og peberflager i en pint-størrelse bredmundet murerkrukke.
b) Tilsæt eddike.
c) Dæk med et plastiklåg eller plastfolie under et metallåg for at undgå korrosion. Ryst godt.
d) Mærk glasset "Immuneddike" sammen med datoen.
e) Lad immuneddiken trække i 3 til 4 uger, og ryst glasset mindst én gang om ugen. Si og hæld eddiken over i en ren krukke. Kassér faste stoffer.
f) AT BRUGE: Tilsæt 1 til 3 spiseskefulde af din færdige immuneddike til en kop varmt, dampende vand. Tilføjelse af en skefuld honning til det varme vand skaber den perfekte balance mellem varme og sødt. Sip varmt ved det første tegn på snus, kulderystelse, ondt i halsen eller hoste. Gentag efter behov.

51.Basic urte-infunderet sirup

Gør: 2 kopper

INGREDIENSER:
- 1 kop vand
- 2 kopper sukker
- 1 kop hakkede friske urter eller ½ kop tørrede urter (såsom mynte, ingefær, lavendel, rosenblade, hyben, hyldebær)

INSTRUKTIONER:
a) Rør vand og sukker sammen i en lille gryde.
b) Skru varmen til medium-lav og lad det simre lavt. Rør til sukkeret er opløst. Må ikke koge.
c) Tilsæt krydderurterne; læg låg på og lad det simre ved lav temperatur i 20 minutter.
d) Sluk for varmen. Dæk til og lad trække mindst 1 time til natten over.
e) Si siruppen i en ren krukke; mærke og stille på køl. Den skal holde sig et år i køleskabet.
f) Du kan også forsegle den i en vandbadsbeholder, hvis du vil opbevare den ved stuetemperatur.

52.Grundlæggende urte-infunderet honning

Gør: 1 CUP

INGREDIENSER:
- 1 kop lokal honning
- ½ kop hakkede tørrede eller visne urter, såsom salvie, rosenblade, timian eller lavendel (se tip)

INSTRUKTIONER:
a) Varm forsigtigt honning og krydderurter sammen i toppen af en dobbelt kedel ved middel-lav varme. Kog i 1 time, indtil honningen er flydende og krydderurterne dufter. Må ikke koge.
b) Sluk for varmen, læg låg på og lad det trække natten over.
c) Næste morgen opvarmer du honningen lige nok til at lette silen.
d) Når honningen er varm og flydende, si gennem en finmasket si holdt over en ren krukke for at fange honningen.
e) Tør glasset af, sæt låget på og mærk. Opbevares ved stuetemperatur.
f) Du kan bruge urtetilført honning på samme måde som urtesirupper. Men på grund af sin viskositet er honning bedst at inkorporere i noget varmt, som varm te, så det opløses. Det vil synke til bunden af en kold drik.

53. Grundlæggende elektuar

Gør: 2 kopper

INGREDIENSER:
- 1 tsk stødt nelliker
- 2 tsk malet koriander
- 2 tsk malet ingefær
- 2 tsk friskkværnet sort peber
- 2 tsk stødt fennikel
- 2 tsk stødt muskatnød
- 1 spsk stødt kardemomme
- 1 spsk stødt allehånde
- 3 spsk stødt kanel
- ¼ teskefuld malet cayennepeber
- 2 kopper lokal honning

INSTRUKTIONER:
a) I en dobbelt kedel, rør nelliker, koriander, ingefær, peber, fennikel, muskatnød, kardemomme, allehånde, kanel og cayenne i honningen, og varm sammen ved lav varme i 1 time, mens du rører ofte. Undgå at opvarme honningen over 100°F, da dette ødelægger dens gavnlige egenskaber. (Lav og langsom er vejen at gå!) Fjern fra varmen og lad stå natten over.
b) De pulveriserede krydderier forbliver i honningen; de er ikke spændt ud. Den færdige electuary vil være rig, mørk, duftende og næsten pastaagtig i konsistensen.
c) Opbevares i en ren, tildækket krukke ved stuetemperatur. Dette er absolut lækkert rørt i en kop sort te med creme til instant chai.

54. Grundlæggende sammensat smør

Gør: 8 SPISKE

INGREDIENSER:
- ¼ kop finthakkede aromatiske og skarpe urter (såsom timian, hvidløg, rosmarin, dild, purløg eller purløgsblomster, persille eller peberrod)
- 8 spsk (1 pind) smør, ved stuetemperatur

INSTRUKTIONER:
a) I en skål blandes urterne i smørret med en gummispatel.
b) Skrab det færdige sammensatte smør på et stykke bagepapir, pak det ind og rul det løst i form af en træstamme.
c) Sno enderne af pergamentet for at lave et tæt rør og stil det på køl eller læg det i en frysepose og frys ned indtil det skal bruges. Skær blot møntformede stykker af efter behov.

55.Grundlæggende urtepesto med basilikum

Gør: 1 CUP

INGREDIENSER:
- 2 kopper friske basilikumblade
- 2 eller 3 store fed hvidløg
- ½ kop revet parmesanost
- ¼ kop pinjekerner eller valnødder
- ½ kop olivenolie

INSTRUKTIONER:
a) Kom basilikumblade, hvidløg, ost og nødder i skålen på en foodprocessor eller blender.
b) Tænd for processoren lavt. Dryp samtidig olivenolien langsomt ind i åbningen i toppen af processoren, indtil alle ingredienserne er blandet til en pasta.
c) Opbevares i en glaskrukke med låg. For at mindske den uundgåelige mørkfarvning af pestoen, dryp et tyndt lag olivenolie over toppen, før den opbevares i køleskabet.
d) AT BRUGE: Hæld et par spiseskefulde af denne smagfulde urtepasta over varm pasta eller ris og vend for at fordele. Tilføj en klat pesto til supper, gryderetter, pizza eller friske skiver tomater.

56. Anti-inflammatorisk gylden pasta

Gør: ¾ CUP

INGREDIENSER:
- ½ kop økologisk malet gurkemeje
- 1 kop vand
- ⅓ kop kokosolie
- ½ til 1 tsk friskkværnet sort peber

INSTRUKTIONER:
a) Kombiner gurkemeje og vand i en lille gryde og rør konstant ved lav varme i 7 til 9 minutter. Dette vil opløse noget af pulverets grynethed.
b) Tilsæt kokosolie og sort peber; rør til olien er smeltet og er godt integreret i gurkemejen.
c) Opbevares i en overdækket glaskrukke i køleskabet i op til 4 uger. Fordi kokosolie er flydende over 76°F, men fast, når den er afkølet, vil den gyldne pasta størkne i køleskabet.
d) AT BRUGE: Golden pasta tilføjer en varmende og eksotisk smag til grøntsager, supper, ægge- og kyllingretter, cremede drikke, klassisk oksegryderet, gylden ris med ærter og ristede nødder.

DRIKKEVARER

57. Tulsi Tisane te

Gør: 1

INGREDIENSER:
- 1 kop kogende vand
- 1 tsk tørret hellig basilikum/tulsi eller 1 spsk hakket frisk

INSTRUKTIONER:
a) Hæld det kogende vand over urten i en fransk presse eller murerkrukke.
b) Dæk til og lad det trække i 15 minutter.
c) Si drikken. Træk vejret dybt; ånder dybt ud. Nippe til.

58. Hibiscus-Lime Iced Tea

Gør: 2

INGREDIENSER:
- 3 kopper vand
- 2 spsk tørrede hibiscus blomster
- 1 spsk tørrede mynteblade
- 2 spsk sukker
- 2 spsk friskpresset limesaft

INSTRUKTIONER:
a) Bring vandet i kog i en mellemstor gryde.
b) Når det koger tilsættes de tørrede hibiscusblomster og mynte. Dæk til og tag af varmen.
c) Lad teen trække i 15 minutter.
d) Tilsæt sukker og limesaft, og rør til sukkeret er helt opløst. Si urterne ud af teen.
e) Afkøl teen i køleskabet i mindst 2 timer. Server over is med en skive appelsin.

59. Chai-krydret gylden mælk

Gør: 1

INGREDIENSER:
- 1 kop sødmælk eller usødet kokos-, ris- eller nøddemælk
- 1 generøs teskefuld honning eller ahornsirup
- 1 tsk kokosolie
- ½ tsk økologisk malet gurkemeje
- ¼ tsk stødt kardemomme
- Knib malet ingefær
- Knib stødt nelliker
- Knib stødt allehånde
- Knib friskkværnet sort peber
- ½ tsk vaniljeekstrakt

INSTRUKTIONER:
a) Varm mælk, honning og kokosolie i en lille gryde ved svag varme.
b) Når mælken bliver varm tilsættes gurkemejepulveret.
c) Pisk for at opløse eventuelle klumper. Mælken får en rig, gylden farve.
d) Tilsæt kardemomme, ingefær, nelliker, allehånde, peber og vanilje. Hold gryden ved lav varme i yderligere 3 minutter, indtil krydderierne er inkorporeret.
e) Hæld i et krus og nyd varmt.

60.Azteca varm chokolade

Gør: 2

INGREDIENSER:
- 1 kop vand
- 1 kop fuldfed kokosmælk
- 2 spsk usaltet Kerrygold irsk smør eller andet græssmør
- 1 spsk vaniljeekstrakt
- 1 spiseskefuld plus 1 tsk ahornsirup
- ¼ kop rå kakaopulver eller naturligt usødet kakaopulver af høj kvalitet
- 2 streger kanel
- Dash cayenne

INSTRUKTIONER:
a) Opvarm vand, kokosmælk, smør, vanilje og ahornsirup i en lille gryde ved middel-lav varme, indtil der dannes bobler i kanten af gryden.
b) Kombiner kakaopulver, kanel og cayenne i en røreskål.
c) Tag gryden af varmen og hæld langsomt den varme mælk i røreskålen.
d) Blend med en stavblender eller et piskeris til det er skummende.
e) Fordel den varme chokolade mellem 2 krus og nyd.

61. Jalapeño Margarita

Gør: 2

INGREDIENSER:
- 1 lime, delt i kvarte
- 6 til 8 spiseskefulde havsalt eller sukker
- 1 tyk skive navleappelsin plus 2 skiver
- ½ jalapeñopeber, skåret i skiver, delt
- 8 korianderkviste, plus et par blade til pynt
- Knust is
- 4 ounce sølv tequila
- 4 ounces friskpresset limejuice
- 2 ounce Cointreau appelsinlikør

INSTRUKTIONER:
a) Gnid to skiver lime rundt om kanten af to margaritaglas.
b) Fyld en lav underkop med salt eller sukker, og dyp derefter straks kanten af glassene i den.
c) Stil glassene til side, mens du blander margaritaen.
d) Læg appelsinskiven, de resterende 2 kvarte lime, halvdelen af jalapeño-skiverne og koriander i en cocktailshaker.
e) Bland ingredienserne med bagsiden af en ske for at frigive deres smag.
f) Fyld shakeren halvt med knust is.
g) Hæld tequila, limesaft og Cointreau i shakeren.
h) Læg låget tæt på og ryst til det er godt afkølet.
i) Si margaritaen fra shakeren over i margaritaglassene.
j) Pynt med de resterende jalapeño-skiver, appelsinskiver og et par blade frisk koriander.

62.Hyldebær Hot Toddy Elixir

Gør: 2 kopper

INGREDIENSER:
- 2 kopper irsk whisky
- ½ kop tørrede hyldebær
- 2-tommers knop frisk ingefær, i tynde skiver
- 1- til 3-tommer kanelstang, knækket
- 6 til 8 hele nelliker
- ½ kop honning

INSTRUKTIONER:
a) Kombiner whisky, hyldebær, ingefær, kanel og nelliker i en mellemstor gryde.
b) Lad det simre i 1 time ved lav varme under omrøring af og til. Må ikke koge.
c) Fjern fra varmen efter 1 time. Dæk til og lad det sidde i 1 time.
d) Mens whiskyblandingen stadig er varm, hældes den gennem en finmasket si i en murerkrukke. Kassér urter og krydderier.
e) Rens gryden og kom whiskyen tilbage i gryden.
f) Tilsæt honningen i den varme whisky, og rør forsigtigt, indtil det er godt indarbejdet.
g) Når det er helt afkølet, hældes det i murerglasset eller en flot likørflaske og opbevares i spisekammeret ved stuetemperatur.

63. Lavendel limonade

Gør: 2

INGREDIENSER:
- ¼ kop friskplukkede lavendelblomster plus et par kviste til pynt (eller 1 spsk tørrede lavendelblomster)
- ½ kop sukker, plus mere hvis nødvendigt
- 1 kop kogende vand
- ¾ kop friskpresset citronsaft, plus mere hvis det er nødvendigt
- 1 kop eller mere koldt vand
- Sprækket is
- 2 citronskiver

INSTRUKTIONER:
a) Læg lavendelblomsterne i en stor Pyrex eller varmefast måleskål.
b) Hæld sukkeret over blomsterne og gnid forsigtigt blomsterne ind i sukkeret med bagsiden af en ske.
c) Hæld det kogende vand over lavendelsukkeret og rør til sukkeret er opløst.
d) Dæk til og lad trække i 30 minutter.
e) Si den lavendel-infunderede sirup og hæld i en serveringskaraffel eller kande.
f) Rør citronsaft og koldt vand i.
g) Smag til og juster for syrlighed eller sødme ved at tilføje mere citronsaft eller sukker. Tilsæt den revne is.
h) Tilsæt citronskiverne og et par lavendelkviste til serveringskanden og server med det samme.

64. Fersken ingefær busk

Gør: 2 kopper

INGREDIENSER:
- 1 kop rå æblecidereddike
- 1 kop honning
- 2 kopper modne ferskner i skiver
- ¼ kop hakket frisk ingefær eller 1 spsk plus 1 tsk malet ingefær

INSTRUKTIONER:
a) I en mellemstor gryde varmes eddike og honning sammen ved lav varme for at skabe en sirupsagtig blanding.
b) Tilsæt ferskenskiver og ingefær, og lad det simre, indtil frugten falder sammen, og ingefæren bliver duftende, cirka 30 minutter. Må ikke koge.
c) Dæk til, sluk for varmen og lad det trække natten over.
d) Næste dag, si den færdige busk i en ren pint-størrelse, bredmundet murerkrukke. Dæk til, mærk og opbevar i køleskabet.

65.Aromatisk Chai te

Gør: 1 CUP

INGREDIENSER:
- 2 spsk knækkede kanelstænger
- 1 spsk hakket frisk ingefær
- 1 spsk fennikelfrø
- 2 tsk stødt kardemomme
- 1 tsk hele nelliker
- ½ tsk hele sorte peberkorn
- ½ tsk koriander
- ½ kop løse sorte teblade

TIL 1 KOP CHAI TE
- 1 kop vand
- 1 spiseskefuld aromatisk chai teblanding
- ½ kop fuldfed kokosmælk
- Honning

INSTRUKTIONER:
a) Forvarm ovnen til 350°F.
b) Læg kanel, ingefær, fennikel, kardemomme, nelliker, peberkorn og koriander på en bageplade. Rist i 5 minutter eller indtil krydderierne er aromatiske. Lad afkøle på komfuret.
c) Knus krydderierne let ved at dække dem med en papirpose og derefter rulle hen over posen med en kagerulle.
d) I en skål, smid krydderierne og sort te sammen, indtil det er godt blandet.
e) Opbevares i en glaskrukke med tætsluttende låg.
f) Bring vandet i kog i en lille gryde og tilsæt chai-teblandingen.
g) Dæk til for at holde de aromatiske olier i teen. Reducer varmen til lav og lad det simre i 15 minutter. Tag det af varmen og lad det trække i cirka 10 minutter.
h) Tilsæt mælken; genopvarm indtil det er varmt. Si krydderierne fra med en lille finmasket si og sød med honning efter smag.

66.Rose Lassi

Gør: 1

INGREDIENSER:
- 1 kop yoghurt
- ¼ kop kold mælk
- 1 spiseskefuld rosenbladssirup (lavet efter opskriften på Basic Herb-Infused Sirup) eller Rose Petal Jam (her)
- 1½ tsk sukker
- ¼ tsk stødt kardemomme
- 6 isterninger
- 1 spsk kombinerede finthakkede mandler, pistacienødder og rosenblade (valgfrit)

INSTRUKTIONER:
a) Kom yoghurt og mælk i en blender.
b) Tilsæt rosensirup, sukker, kardemomme og isterninger, og blend det godt sammen, indtil det er skummende.
c) Hæld lassien i et højt serveringsglas.
d) Pynt med hakkede mandler, pistacienødder og rosenblade, hvis det ønskes.
e) Server straks.

67. Sage Oxymel

Gør: 2 kopper

INGREDIENSER:
- 1 kop rå æblecidereddike
- 1 kop honning
- 2 kopper frisk salvie eller 1 kop tørret salvie

INSTRUKTIONER:
a) Læg eddike og honning sammen i en mellemstor gryde og opvarm lige nok til at skabe en sirupsagtig blanding. Må ikke koge.
b) Tilsæt salvie og varm igennem lige indtil den bliver duftende. Dæk til og sluk for varmen, og lad oxymelen trække natten over.
c) Næste morgen si oxymelen over i en pint-størrelse, bredmundet murerkrukke. Dæk, mærke og opbevar i spisekammeret ved stuetemperatur.

68. Still Room Amaro

Gør: 3 kopper

INGREDIENSER:
- 1 tsk tørrede kamilleblomster
- 1 tsk tørrede fennikelfrø
- 3 hele nelliker
- 2 spsk ristede valnødder
- 1 appelsin, gerne økologisk
- 1 spsk tørret mælkebøtterod
- 1 spsk hakket frisk mynte
- 1 spsk hakket frisk rosmarin
- 1 spsk hakket frisk salvie
- 1 vaniljestang
- ½ tsk koriander
- 3 kopper vodka eller Everclear (100 til 150 proof er bedst til at udtrække harpiks og bitre forbindelser)
- 1 kop vand
- 1 kop sukker

INSTRUKTIONER:

a) Læg kamille, fennikelfrø, nelliker og ristede valnødder i en papirpose og klap dem med en kagerulle et par gange. Kom de revne krydderier og nødder i en quart-størrelse murerkrukke.

b) Brug en grøntsagsskræller til at fjerne skallen fra appelsinen (ingen hvid kerne) og skær skallet i tynde strimler.

c) Tilsæt appelsinskal, mælkebøtterod, mynte, rosmarin, salvie og vaniljestang til glasset.

d) Tilføj vodkaen eller Everclear. Rør rundt, dæk til og mærk med indhold og dato. Lad trække på et mørkt sted i 6 uger. Marker 6 uger frem i din kalender, så du ikke glemmer at anstrenge den.

e) Efter 6 uger sigtes væsken gennem en finmasket si til en ren 1-quart murerkrukke. Kassér de faste stoffer.

f) Lav en simpel sirup ved at varme vand og sukker sammen ved middel varme, indtil sukkeret er opløst.

g) Tilsæt den varme sirup (eller erstat honning eller ahornsirup) i intervaller på ¼ kop til den urte-infunderede vodka, rør grundigt og smag til, indtil du får den rigtige kombination af bittert og sødt til din smag.

h) Amaroen bliver blødere og smager bedre og bedre med alderen.

69. Krydret urtelikør

Gør: 1 Quart

INGREDIENSER:
- 6 kardemomme bælg
- 3 tsk anisfrø
- 2¼ tsk. Hakket angelica rod
- 1 kanelstang
- 1 nellike
- ¼ teskefuld Mace
- 1 femtedel vodka
- 1 kop Sukkersirup
- Beholder: 1/2-gallon krukke

INSTRUKTIONER:
a) Fjern frø fra kardemommebælg . Tilsæt anisfrøene, og knus alle kernerne med bagsiden af en gaffel.

b) Læg dem i en 1-liters beholder og tilsæt angelica-rod, kanelstang, nelliker, muskatblomme og vodka.

c) Ryst blandingen godt og opbevar den i et skab i 1 uge. Hæld gennem en si med osteklæde flere gange. Blend væsken med sukkersiruppen. Klar til servering

70. Frugt urte iste

Giver: 1 portion

INGREDIENSER:
- 1 pose Tazo Passion te
- 1 liter vand
- 2 kopper frisk appelsinjuice
- Orange hjul
- Mynte blade

INSTRUKTIONER:
a) Placer teposen i 1 liter kogende vand og lad den trække i 5 minutter.
b) Fjern tepose. Hæld te i en 1-gallon kande fyldt med is. Når isen smelter, fyldes den resterende plads i kanden med vand.
c) Fyld en cocktailshaker med halvdelen af brygget te og halvdelen appelsinjuice. Ryst godt og si over i et isfyldt glas. Pynt med appelsinhjul og mynteblade.

71. Is urtekøler

Giver: 6 portioner

INGREDIENSER:
- 4 kopper kogende vand;
- 8 røde Zinger teposer
- 12 ounce æblejuice koncentrat
- Saft af 1 appelsin
- 1 citron; skåret i skiver
- 1 appelsin; skåret i skiver

INSTRUKTIONER:
a) Hæld det kogende vand over teposerne. Lad teen trække, indtil vandet er lunkent, hvilket gør en meget stærk te. Kombiner te, æblejuice og appelsinjuice i en stor kande.
b) Pynt kanden med skiver af citron og appelsiner.
c) Hæld i glas fyldt med is, og pynt med mynte.

Lad ikke trække i mere end fire minutter, da smagen vil gå tabt.

72.Hindbær urtete

Giver: 8 portioner

INGREDIENSER:
- 2 hindbær-teposer i familiestørrelse
- 2 Blackberry teposer
- 2 solbærte teposer
- 1 flaske mousserende æblecider
- ½ kop juice koncentrat
- ½ kop appelsinjuice
- ½ kop sukker

INSTRUKTIONER:
a) Kom alle ingredienserne i en stor kande. Chill. Vi serverer vores med frugtisterninger.

b) Reserver nok juice til at fylde en isterningbakke, og vi lægger skiver af jordbær og blåbær i hver terning.

73.Kardemomme te

Giver: 1 portion

INGREDIENSER:
- 15 kardemommefrø vand
- ½ kop mælk
- 2 dråber vanilje (til 3 dråber)
- Honning

INSTRUKTIONER:

a) For fordøjelsesbesvær blandes 15 pulveriserede frø i ½ kop varmt vand. Tilsæt 1 ounce frisk ingefærrod og en kanelstang.

b) Lad det simre i 15 minutter ved svag varme. Tilsæt ½ kop mælk og lad det simre i 10 minutter mere. Tilsæt 2 til 3 dråber vanilje. Sød med honning. Drik 1 til 2 kopper dagligt.

74.Sassafras te

Gør: 10

INGREDIENSER:
- 4 sassafras rødder
- 2 liter vand
- sukker eller honning

INSTRUKTIONER:
a) Vask rødder og skær unger af, hvor de er grønne, og hvor roden ender.
b) Bring vand i kog og tilsæt rødder.
c) Lad det simre, indtil vandet er dybt brunrødt (jo mørkere jo stærkere - jeg kan godt lide min stærk).
d) Si i en kande gennem wire og et kaffefilter, hvis du ikke vil have bundfald.
e) Tilsæt honning eller sukker efter smag.
f) Serveres varm eller kold med citron og en kvist mynte.

75.Moringa te

Gør: 2

INGREDIENSER:
- 800 ml vand
- 5-6 mynteblade - revet
- 1 tsk Spidskommenfrø
- 2 tsk Moringa pulver
- 1 spsk lime/citronsaft
- 1 tsk økologisk honning som sødemiddel

INSTRUKTIONER:
a) Bring 4 kopper vand i kog.
b) Tilsæt 5-6 mynteblade og 1 tsk spidskommen/jeera.
c) Lad det koge, indtil vandet er reduceret til halvdelen af mængden.
d) Når vandet er reduceret til det halve, tilsæt 2 teskefulde Moringa-pulver.
e) Reguler varmen til høj, når den skummer og kommer op, sluk for varmen.
f) Dæk med låg og lad det sidde i 4-5 minutter.
g) Efter 5 minutter, si teen i en kop.
h) Tilsæt økologisk honning efter smag og pres frisk limesaft.

76. Salvie te

Gør: 2

INGREDIENSER:
- 6 friske salvieblade, efterladt på stilken
- Kogende vand
- Honning (eller agavesirup til veganer)
- 1 skive citron

INSTRUKTIONER:
a) Bring vandet i kog.
b) Vask salvien grundigt.
c) Kom salvie i et krus, og hæld det kogende vand over. Lad krydderurterne trække i 5 minutter. (Alternativ metode: Hvis du foretrækker det, kan du også hakke salviebladene og lægge dem i en te-si, før du trækker.)
d) Fjern salvie. Rør et skvæt honning og et skvæt citron i (kræves for den bedste smag).

SØDE GADER

77.Lavendel pistacie biscotti

Gør: 14 BISCOTTI

INGREDIENSER:
- ½ kop afskallede pistacienødder
- 8 spiseskefulde (1 pind) usaltet smør, ved stuetemperatur
- ¾ kopper sukker
- 1 spsk tørrede lavendelblomsterknopper
- 1 tsk vaniljeekstrakt
- 2 æg
- 2 kopper ubleget mel, plus mere til æltning
- 1½ tsk bagepulver
- ½ tsk salt

INSTRUKTIONER:
a) Forvarm ovnen til 325°F.
b) Rist pistacienødderne på en pande ved middel varme, og ryst dem konstant, indtil de er let brune, cirka 5 minutter. Når det er afkølet, hakkes det groft og stilles til side.
c) I en røreskål, flød smør og sukker med en håndmikser, indtil det er godt blandet.
d) Tilsæt lavendelknopper, vanilje og æg, og pisk til det er skummende.
e) I en stor skål kombineres mel, bagepulver og salt. Rør for at kombinere godt.
f) Tilsæt de tørre ingredienser til den cremede blanding og fortsæt med at piske, indtil det er godt blandet. Fold nødderne i.
g) Fjern småkagedej fra skålen med melede hænder. Det vil være ret vådt og klistret.
h) Drys lidt mel på bordpladen og ælt det til småkagedej, indtil det er håndterbart. Overanstreng ikke dejen.
i) Form en lang cookie log 3 inches bred og 12 til 14 inches lang. Udglat eventuelle revner eller huller. Læg på en bageplade.
j) Bag cookie-loggen i 25 til 30 minutter. Den skal stadig vise en fingerindrykning, når den trykkes ned.
k) Lad det køle af i 30 minutter. Brug en savtakket kniv til at skære biscottien i 1 tomme tykke skiver.
l) Fordel biscottien på den samme bageplade og bag i yderligere 15 til 20 minutter. Lad det køle helt af.
m) Biscottien skal være meget sprød. Opbevares i en lufttæt beholder.

78.Krystalliseret ingefær slik

Gør: 12 OUNCES

INGREDIENSER:
- 1 pund frisk ingefær
- 4 kopper sukker, plus mere til overtræk af ingefærskiverne
- 4 kopper vand
- Knib salt

INSTRUKTIONER:
a) Skræl ingefæren med en skarp skærekniv.
b) Skær ingefæren i ⅛-tommer tykke ensartede skiver.
c) Bland sukker og vand i en dyb gryde af rustfrit stål. Varm op over middel varme og rør konstant, indtil sukkeret er opløst.
d) Tilsæt salt og ingefærskiverne. Lad det simre i cirka 20 minutter, og øg derefter varmen, indtil siruppen når 225°F. (Det er her du skal bruge sliktermometeret.)
e) Fjern fra varmen. Dæk til og lad ingefæren sidde i siruppen i minimum 1 time eller natten over.
f) For at overtrække ingefærskiverne med sukker, varm ingefær og sirup igen, indtil siruppen tynder. Når de er varme, løftes ingefærstykkerne ud af siruppen med en hulske eller tang, så overskydende sirup kan dryppe tilbage i gryden og overføres til en bred bakke.
g) Vend de varme ingefærskiver med sukker til pels. Ryst eventuelt overskydende sukker af, og fordel de overtrukne ingefærskiver ud på en rist i en dag eller to, indtil de er tørre.
h) Den krystalliserede ingefær kan opbevares i en overdækket beholder ved stuetemperatur i nogle måneder eller op til et år.

79.Pocheret pærer med hyldebær og krydderier

Gør: 4

INGREDIENSER:
- 1½ dl hyldebærbusk (se her)
- 1½ dl tør rødvin
- ½ kop sukker (eller erstatning ahornsirup)
- 1 (1-x-4-tommer) strimmel appelsinskal
- 2 kanelstænger, brækket i stykker
- 3 hele nelliker
- 4 faste røde Anjou eller Bosc pærer

INSTRUKTIONER:
a) Kombiner hyldebærbusken, rødvin, sukker, appelsinskal, kanelstænger og nelliker i en stor gryde. Bring det i kog, indtil sukkeret er opløst. Reducer varmen til medium-lav.
b) Mens pocheringsvæsken simrer, skrælles pærerne med en grøntsagsskræller, så stilken er intakt. Skab en flad bund på hver pære ved at skære lige nok af, så pærerne kan stå oprejst ved servering.
c) Læg pærerne på siden i pocheringsvæsken. Reducer varmen til lav og lad det simre i 20 minutter. Vend dem forsigtigt hvert 5. minut med en ske for at sikre ensartet farve. Pærerne skal være kogte, men stadig faste. Tag gryden af varmen og afkøl til stuetemperatur, vend pærerne af og til.
d) Når pærerne er afkølet, dæk dem til og stil dem på køl i pocheringsvæsken i mindst 4 timer, men ikke mere end 24 timer, vend dem af og til.
e) For at servere skal du forsigtigt fjerne pærerne fra pocheringsvæsken og stille dem oprejst på de enkelte serveringsfade.
f) Si pocheringsvæsken og kom den tilbage i gryden. Bring det i kog, reducer derefter varmen og kog indtil det halve, cirka 20 minutter. Væsken skal være let fortykket og sirupsagtig.
g) Lad siruppen afkøle til varm. Dryp pærerne med siruppen. Server eventuelt med en lille kugle vaniljeis.

80. Lavendel Ganache Trøfler

Gør: 30 TRØFLER

INGREDIENSER:
- 1 kop kraftig piskefløde
- 2 spsk usaltet smør
- 2 spsk honning
- ⅓ kop tørrede lavendelblomsterknopper
- 2 (3-ounce) højkvalitets 72 procent kakao chokoladebarer, fint hakket
- 2 ounce ubehandlet rå kakaopulver eller højkvalitets, naturligt usødet kakaopulver, plus mere til at rulle trøflerne

INSTRUKTIONER:
a) Kom fløde, smør og honning i en dobbelt kedel. Varm op over medium varme, indtil du ser dampen stige og små bobler dannes rundt om kanten, men blandingen koger ikke helt. Rør lavendel i, dæk til og sluk for varmen. Lad lavendel trække i cremen i 15 minutter.
b) Kom chokoladen og kakaopulveret i en stor røreskål. Når lavendelcremen er infunderet, si den gennem en finmasket sigte direkte ned i skålen med chokolade. Lad stå i 2 minutter for at smelte chokoladen.
c) Efter 2 minutter piskes blandingen, indtil den er glat og skinnende. En stavblender fungerer godt her, men er ikke nødvendig.
d) Dæk skålen til. Sæt skålen og 2 teskefulde i køleskabet til afkøling i 2 til 5 timer. Må ikke fryses.
e) Læg kakaopulveret til rulning i en lav pande. Beklæd en bageplade med bagepapir.
f) Klar til at rulle? Varme hænder gør trøffelrulning til en udfordring, så sørg for at køre dine hænder under meget koldt vand (tør dem derefter) eller hold en gelispose eller en pose frosne grøntsager. Kolde, tørre hænder vil give dig mulighed for at rulle trøflerne med succes.
g) Hæld en teskefuld chokolade og form til en kugle mellem hænderne, arbejd hurtigt. Dyp kuglen i kakaopulveret og læg den på den forberedte bageplade. Gentage. Du skal muligvis afkøle dine hænder flere gange.
h) Stil de færdige trøfler på køl i en lukket beholder. De skal holde i et par uger (med ekspertdisciplin!).

81. Urtete Frosne Popsicles

Gør: 10 POPSICLES

INGREDIENSER:
- 5 teposer (såsom pebermynte, kamille eller ingefær)
- 4 kopper kogende vand
- 4 tsk friskpresset citronsaft
- 4 til 6 teskefulde honning

INSTRUKTIONER:
a) Læg teposerne i murerglasset, og dæk med kogende vand op til krukkens skulder.
b) Lad teen trække i 10 minutter.
c) Kassér teposerne.
d) Rør citronsaft og honning i med en træske, indtil honningen er opløst. Afkøl til stuetemperatur.
e) Hæld den sødede te i ispindeforme og frys, indtil den er fast, 4 timer eller mere.

82. Honningfyldte gorgonzola figner med timian

Gør: 4

INGREDIENSER:
- 8 mellemstore figner
- 3 ounce Gorgonzola ost
- 2 spsk valnødder, finthakkede
- 2 spsk hakket frisk timian
- ¼ kop honning

INSTRUKTIONER:
a) Forvarm ovnen til 375°F.
b) Fjern figenstilkene og skær et dybt X i toppen af hver fig.
c) Åbn forsigtigt toppen af hver figen med spidsen af en teske og fyld med ca. 1 dyngede teskefuld Gorgonzola.
d) Drys de fyldte figner med nødder og frisk timian. Læg i en bageplade.
e) Dryp med honningen.
f) Bages i cirka 5 minutter, eller indtil fignerne ser bløde ud og frigiver noget saft.
g) Serveres varm.

URTESAFT OG SMOOTHIES

83. Jordbær og macadamia smoothie

Giver: 4 portioner

INGREDIENSER:
- 1/2 vaniljestang
- 50 g (13/4 oz) rå macadamianødder
- frugtkød af 1 ung mellemstor kokosnød
- 250 g (9 oz) friske jordbær
- lidt af kokossaften (valgfrit)

INSTRUKTIONER:

a) Skær vaniljestangen op med en skarp kniv, og skrab derefter frøene ud.

b) Kom nødderne og kokosmassen i en blender eller foodprocessor.

c) Tilsæt jordbær og vaniljefrø. Pulser alle ingredienserne for at give en glat, silkeblød tekstur. Hvis smoothien virker meget tyk, tilsæt nok kokosjuice til at give den en bedre tekstur. Hæld i 4 glas og server.

84.Goji bær og pinjekerne smoothie

Giver: 2 portioner

INGREDIENSER:

- 50 g (13/4 oz) mandler
- 50 g (13/4 oz) gojibær
- 20 g (3/4 oz) pinjekerner
- 1 tsk linolie
- 2-3 blade frisk pebermynte
- 350–400 ml (12–14 fl oz.) mineralvand

INSTRUKTIONER:

a) Kom alle ingredienser i en blender eller foodprocessor og blend med mineralvandet for at give en glat silkeagtig tekstur.
b) Hvis konsistensen er lidt for tyk, tilsæt lidt mere vand og blend.

85. Solbær booster smoothie

Giver: 2 portioner

INGREDIENSER:
- 50 g (13/4 oz) friske solbær (eller brugt tørret og udblød først)
- 50 g (13/4 oz) ristet byg
- 4 tsk agavesirup
- 4 tsk kokosolie
- 250 ml (9 fl oz.) rismælk
- Lidt mineralvand

INSTRUKTIONER:

a) Kom alle ingredienserne undtagen mineralvandet i en blender eller foodprocessor og blend til det er glat.

b) Tilsæt nok mineralvand for at sikre, at smoothien har en hældbar konsistens.

86.Surkirsebær og rå kakao smoothie

Giver: 2 portioner

INGREDIENSER:
- 50 g (13/4 oz) surkirsebær, udstenede, hvis de er friske, eller tørrede
- 300 ml (10 fl oz.) ris eller mandelmælk
- 4 teskefulde rå eller almindelig kakaopulver
- 4 tsk hampefrø, afskallede
- 4 tsk hørfrøolie

INSTRUKTIONER:
a) Hvis du bruger tørrede surkirsebær, skal du lægge dem i blød i et par timer i 150 ml (5 fl oz.) mineralvand.
b) Kombiner halvdelen af ris- eller mandelmælken med resten af ingredienserne i en blender eller foodprocessor og blend til en jævn, silkeagtig, hældbar konsistens.
c) Tilsæt resten af mælken i etaper, indtil konsistensen af smoothien er til din smag.

87. Mandel og rose smoothie

Giver: 2 portioner

INGREDIENSER:
- 50 g (1 3/4 oz) mandler
- 300–400 ml (10–14 fl oz.) mineralvand
- 2 1/2 spsk rosensirup
- 4 tsk mandelolie
- 1 dråbe rosenattar æterisk olie (valgfrit)
- 8 damask rosenblade (valgfrit)

INSTRUKTIONER:
a) Bland halvdelen af mineralvandet med resten af ingredienserne i en blender eller foodprocessor og blend til en glat, silkeblød, hældbar konsistens.

b) Tilsæt resten af vandet i etaper, indtil konsistensen af smoothien er til din smag.

88.Pistacie og avocado smoothie

Giver: 2 portioner

INGREDIENSER:
- 50 g (13/4 oz) pistacienødder (plus et par til pynt)
- 1 lille avocado, udstenet, skrællet og delt i kvarte
- 1 tsk hampefrøolie
- 2 tsk linolie
- saft af 1/2 citron
- frisk saft af 6 selleristængler
- friskkværnet sort peber efter smag en knivspids salt
- 3-4 friske basilikumblade
- lidt mineralvand

INSTRUKTIONER:
a) Kom alle ingredienserne undtagen mineralvandet i en blender eller foodprocessor og blend, indtil det er glat. Tilsæt nok mineralvand for at sikre, at smoothien har en hældbar konsistens.

b) Server i glas, med et drys finthakkede pistacienødder på toppen af hver.

89. Maca og mango smoothie

Giver: 2 portioner

INGREDIENSER:
- 2 store modne mangoer
- 2 tsk maca rod pulver
- 2 tsk hampefrø, afskallede
- 2 tsk kokosolie
- saft af 1 citron
- 4 friske pebermynteblade
- lidt mineralvand (valgfrit)

INSTRUKTIONER:
a) Kom alle ingredienserne i en blender eller foodprocessor og blend til en glat, silkeagtig konsistens.
b) Fortynd med mineralvand efter behov, evt.

90. Blomme og fennikel smoothie

Giver: 2 portioner

INGREDIENSER:
- 9–10 store mørkeblåskindede blommer
- 1/2 tsk fennikelfrø
- 2 spiseskefulde hørfrø, udblødte
- 2 spsk afskallede hampefrø, udblødt

INSTRUKTIONER:
a) Kog blommerne først: Kom dem i en gryde med 250 ml mineralvand, tilsæt fennikelfrø og bring det i kog. Læg låg på og lad det simre ved svag varme i 10-12 minutter. Lad køle af.
b) Overfør til en blender eller foodprocessor, tilsæt de resterende frø (eller olier, hvis du bruger) og blend til en jævn konsistens.

91.Power bær smoothie

Giver: 2 portioner

INGREDIENSER:
- 2 spiseskefulde friske hindbær
- 2 spiseskefulde friske brombær
- 2 spiseskefulde friske blåbær
- 2 spsk friske solbær
- 2 tsk acai bær pulver
- 800 ml citrongræs infusion, kold
- lidt mineralvand (valgfrit)
- et skvæt ahornsirup eller en knivspids steviapulver (valgfrit)

INSTRUKTIONER:
a) Kom de friske bær og acaibærpulver i en blender eller foodprocessor, tilsæt citrongræsinfusionen og blend til en glat, silkeblød tekstur.
b) Tilsæt eventuelt lidt mineralvand for at opnå en konsistens du kan lide.

92.Tidlig efterårs vandrers glæde

Giver: 2 portioner

INGREDIENSER:
- 3 1/2 æbler, skrællet, udkernet og hakket
- 1/3 pære skrællet, udkernet og hakket
- 12 modne hyldebær, skyllet, med alle stilke fjernet
- 20 modne brombær, skyllet

INSTRUKTIONER:
a) Kom alle ingredienserne i en blender eller foodprocessor og blend til det er glat.
b) Fordel mellem to glas og top med hyldebær- og hyldeblomstsirup for at øge det antivirale indhold i smoothien.

93.Havegrønt juice

Giver: 2 portioner

INGREDIENSER:
- 2 håndfulde grønkålsblade
- 2 Chard blade
- 1 stor håndfuld spinatblade
- 1/2 agurk
- 1 lille grøn courgette
- 3 stilke selleri
- 2 mælkebøtteblade (store)
- 2 stilke frisk merian
- et skvæt citronsaft (valgfrit)

INSTRUKTIONER:
a) Vask og juice alle grøntsager og krydderurter, og bland grundigt. Tilsæt citronsaft efter smag, hvis du ønsker det, eller
b) hvis du foretrækker en mere kraftig citronsmag, tilsæt en ottendedel af en citron (økologisk er at foretrække) og bland godt, indtil det er blandet.

94.Rød peber og spirede frøsaft

Giver: 2 portioner

INGREDIENSER:
- 1 rød peberfrugt, udkernet og skåret i kvarte
- 20 g (3/4 oz) spirede lucernefrø
- 20 g (3/4 oz) spirede rødkløverfrø
- 10 g (1/4 oz) spirede broccoli frø
- 1/2 agurk
- 2-3 friske mynteblade
- 1/2 lille frisk rød chili uden kerner

INSTRUKTIONER:
a) Juice alle ingredienserne og bland grundigt.

95.Ingefær og fennikelsaft

Giver: 2 portioner

INGREDIENSER:
- 1 stor fennikelløg
- 1 cm (1/2in) terning frisk ingefærrod, skrællet
- 2 selleristængler
- 1/2 lille agurk
- 1/2 lille grøn courgette
- 1 stilk frisk basilikum

INSTRUKTIONER:
a) Juice alle ingredienserne, bland godt og drik med det samme.

96.Fennikel og broccoli spirer saft

Giver: 2 portioner

INGREDIENSER:

- 1 stor fennikelløg
- 45 g (11/2 oz) spirede broccoli frø
- 45 g (11/2 oz) spirede lucernefrø
- 1 stor gulerod
- 2 stilke selleri
- 2-3 friske mynteblade skvæt citronsaft

INSTRUKTIONER:

a) Juicer alle ingredienserne, tilsæt citronsaften efter smag og bland godt.

97. Boghvedegrønt og ærteskudsaft

Giver: 2 portioner

INGREDIENSER:
- 2 spsk unge boghvede grønt, fint hakket
- 4 spiseskefulde friske ærteskud
- 2 courgetter
- 1 agurk
- 2 spsk friske merianblade
- et skvæt citronsaft
- 200 ml (7 fl oz.) mineralvand

INSTRUKTIONER:
a) Juice alle ingredienser, tilsæt mineralvand og citronsaft efter smag og bland godt.

98.Tomatsalsajuice

Giver: 2 portioner

INGREDIENSER:
- 5 modne tomater
- 1/2 agurk
- 1 lille fed hvidløg
- 1/2 frisk rød chili uden kerner
- 1 stilk friske basilikumblade
- 2 stilke selleri
- 1 tsk jomfru olivenolie
- salt efter smag
- 1 rød peberfrugt uden kerner

INSTRUKTIONER:
a) Juice alle grøntsager og krydderurter, tilsæt olivenolien, smag til med lidt salt, hvis du ønsker det, og bland det godt.

b) Hvis du foretrækker din juice rød, tilsæt 1 rød peberfrugt uden kerner til grøntsagerne og krydderurterne, når du juicer dem.

99.Artiskokblad og fennikelsaft

Giver: 2 portioner

INGREDIENSER:
- 1 tsk artiskokblade, finthakket
- 1 mellemstor fennikelløg
- 4 friske mælkebøtteblade
- 4 selleristængler
- 1/2 courgette

INSTRUKTIONER:
a) Juice alle ingredienserne, bland grundigt og drik.
b) Hvis du synes, saften er alt for bitter, fortynd den med lidt mineralvand, indtil den smager velsmagende.

100. Solsikkegrønt og hvedegræsjuice

Giver: 2 portioner

INGREDIENSER:
- 100 g (31/2 oz) solsikkegrønt
- 100 g (31/2 oz) hvedegræsstrå
- 300 ml (10 fl oz.) eller mere mineralvand

INSTRUKTIONER:
a) Juicer solsikkegrønt og hvedegræs, bland det godt, og tilsæt nok mineralvand til at fortynde saftens smag og give den en velsmagende smag.

KONKLUSION

Når vi afslutter vores rejse gennem " LÆGEURTER I KØKKENET, håber vi, at du har fået en dyb forståelse for kunsten at helbrede med friske urter og den dejlige fusion af smag og velvære. Urter, med deres alsidige og terapeutiske kvaliteter, er blevet en integreret del af dit kulinariske og medicinske repertoire.

Vi opfordrer dig til at fortsætte din udforskning af hjemmelavede naturlægemidler, eksperimentere med nye opskrifter og dele din viden med venner og familie. Hver urtekreation, du forbereder, er et vidnesbyrd om den stærke forbindelse mellem natur, sundhed og smag.

Tak, fordi du var med på dette eventyr med to formål. Må den visdom og de færdigheder, du har erhvervet, fortsætte med at berige dit liv og livet for dem, du rører ved, én urte-infunderet ret ad gangen. God helbredelse og madlavning!

www.ingramcontent.com/pod-product-compliance
Lightning Source LLC
Chambersburg PA
CBHW071335110526
44591CB00010B/1160